大学の研究者が
知っておきたい

科研費のしくみと研究をめぐる状況

▶▶▶ 渡邊淳平

科学新聞社

はじめに

　本書のタイトル『大学の研究者が知っておきたい　科研費のしくみと研究をめぐる状況』を見て，少し上から目線に思われたかもしれません。本書は決してそういうものではありません。
　筆者はこれまで，大学の研究に近いところで，国の行政側の立場で学術研究の振興にかかわる仕事をしてきました。科研費の制度も担当してきました。そうした中で，大学の先生方が，意外にも科研費のことや最近の大学の研究をめぐる様々な情報について知らないということに気がつきました。

　政府はイノベーションによる日本の発展を目指しています。資源の乏しい日本にとって，科学の発展は，持続的な社会の成長のための最重要ポイントの1つであることは間違いありません。2015年には，赤﨑勇，天野浩，中村修二の3先生が青色LEDの発明でノーベル物理学賞を同時に受賞され，その翌年には大村智先生が感染症の予防に絶大な効力を有する化合物の発見でノーベル生理学・医学賞を受賞されました。これらは科学の発展が社会の発展に結びついていることを示す最も身近で典型的な例の1つといえましょう。
　同じく，素粒子物理学の分野で梶田隆章先生がノーベル物理学賞を受賞されました。先生がおっしゃられたように，まさに「人類の知の地平線を拡大」するという自由な学問のすばらしさを示すものです。
　日本人ほどノーベル賞が好きな国民はいないのかもしれませんが，いずれにしても，日本の科学研究のレベルの高さが認められたことについて，国民の多くが日本人として大きな誇りを感じていることは間違いないでしょう。

　いろいろな意味で，大学における科学研究に対する期待が高まっていますが，その一方で，大学を取り巻く環境は厳しさを増しています。

科研費は，いまや大学で研究する者にとって，なくてはならない研究費制度です。ですから，研究者の皆さんに科研費の制度の考え方やよく考えられた審査のしくみについてもっとよく知っておいてもらいたいと思います。よく知ることで，科研費の制度をよりよいものにしていくことにもつながりますし，また，応募する側として科研費を獲得することにもつながるでしょう。そうすることで，研究に割く時間を増やすことにもつながるでしょう。

　そういう思いを込めて，日本の科学研究を支える科研費制度について，できるだけわかりやすく紹介してみました。

　また，現在の日本の科学研究を取り巻く論点のうち，論文の現状，世界の研究費の状況，女性研究者のことなどについても簡単にまとめてみました。こうした点についても，研究者自身がもう少し整理された知識として知っておいた方がよいのではないかと思ったからです。

　外国との比較を含めて，なるべくわかりやすく記述したつもりですが，そのために説明が初歩的になり過ぎたり，逆にまだ説明が足りない点があるかもしれません。また，論点に対するとらえ方が不十分であったり，むしろ間違っているのではないかと思われる方もいらっしゃるかもしれません。そうした点については，皆さまからのご指摘をいただければありがたいくらいの気持ちもありますので，あらかじめご容赦いただけると幸いです。

目　次

はじめに　iii

第1部　科研費のすべて　1

1章　日本の科学研究のごく大まかな姿　2
（1）研究者の数　2
（2）研究の種類　4
（3）研究費　4

2章　大学での研究を支える科研費　8
（1）大学の研究費　8
（2）科研費の応募・採択の状況　15
（3）科研費の予算額　20
（4）科研費の「研究種目」　25
（5）応募から審査，採択されるまで　32
（6）審査システムを支える「日本学術振興会・学術システム研究センター」　40
（7）採択の結果を見ると　44
（8）研究の評価と報告　57

3章　米国の研究費制度と比べるとどうなのか　59
（1）応募数，採択率　59
（2）大学別の配分状況　62
（3）助成金の平均規模　66
（4）審査のしくみ　69
（5）審査後の応募者に対する対応　73
（6）審査の改善のためのいくつかの取り組み　74

4章　科研費の使い勝手をよくする　76

　（1）使いやすくするための様々な改善　76
　（2）設備購入のための科研費の合算使用　79
　（3）科研費の基金化　81

5章　科研費の採択のためのヒント　89

　（1）基本的に頭に入れておくべきポイント　89
　（2）情報を入手しましょう　92
　（3）審査と採点のルールを理解する　96
　（4）そのほかのヒント　115

6章　科研費の研究成果　125

　（1）研究の結果としての論文　125
　（2）論文のオープン・アクセス化　128
　（3）成果の社会への発信　132
　（4）研究成果と社会・経済の発展　136

第2部　研究をめぐる状況　139

7章　世界の論文を比較する　140

　（1）世界の論文の国別シェア　140
　（2）論文数と研究者数，科学技術予算との関係　144
　（3）日本企業による研究論文の激減　153
　（4）科研費による論文の状況　155
　（5）国立大学におけるデュアル・サポートの変化と論文への影響　161

8章　女性研究者をめぐる状況　166

　（1）企業を含めた日本全体の女性研究者の現状　166
　（2）大学の職名別の女性教員比率　169
　（3）米国における分析　173
　（4）博士課程修了者の進路（就職状況）　176
　（5）女性研究者を増やすための長期的な戦略　181

あとがき　191

第 1 部

科研費のすべて

1章
日本の科学研究の
ごく大まかな姿

　科研費のことについて話をする前に，少しだけ日本の研究活動の全体像について整理してみたいと思います。大学で研究されている方々でも，日本全体の研究の概要について理解している人は多くないでしょう。また，一般の方々であればなおさらのことです。

　いろいろな場面で，様々なデータに基づいて日本の科学研究に関して論じられることがあります。こうしたときに，それが大学の研究に関することなのか，日本全体の研究のことなのか，データと議論がごちゃごちゃにされることがよくあります。ですから，日本の科学研究の大まかな姿を頭に入れておくことは，研究者の方々にとっても何かと役に立つと思われます。

（1）研究者の数

　研究活動は，大学の研究者が中心になって行われているというわけではありません。日本の研究者は約93万人とされていますが，表1を見ると，おおよそ企業に56万人，大学に32万人，公的機関に3万人，その他の非営利団体に1万人が属しています。大学の32万人の中には，必ずしも研究を本務としない者（兼務者）約3万人や博士課程で学ぶ大学院生（7万人），医局員（1万7,000人）なども含まれており，[1] 実際に大学の教員として研究にあたっている者は18万人くらいです。[2]

　日本全体で見ると，研究者の多くが企業に属しているというのは意外に思

---

1) 「平成27年度科学技術研究調査（平成26年度実績）」大学等第1表。
2) 「平成26年度学校基本調査」表25。大学の本務教員数は180,879人。

表1　日本の機関別研究者数

	研究者数	構成比
総数	926,671	100%
企業	560,466	60.5%
非営利団体	10,567	1.1%
公的機関	34,067	3.7%
特殊法人・独立行政法人	19,137	2.1%
大学等	321,571	34.7%
国立	145,374	15.7%
公立	23,595	2.5%
私立	152,602	16.5%

出典：総務省「平成27年度科学技術研究調査（平成26年度実績）」総括第1表

われる方もいるかもしれませんが，企業では主に製品の開発につながる研究が必要であり，製造業を中心として非常に多くの企業で研究されている方々がいるということです。これは日本に限ったことではなく，欧米諸国でもほぼ同じです。当然ながら，企業では，人文学や社会科学分野の研究はほとんど行われていません。これに対して，大学では，文学や法律学のような人文社会科学から，物理学，化学，工学，農学，生物学，医学といった自然科学，さらに複合的な環境科学や情報学など，様々な分野の研究が行われています。

　公的機関とは，国立の研究所（国立環境研究所など），独立行政法人の研究機関（理化学研究所，産業技術総合研究所など）や都道府県など地方自治体の研究機関などのことです。また，非営利団体とは，財団法人その他の研究機関（がん研究会，山階鳥類研究所など）のことです。

　ちなみに，「アメリカに比べて日本の研究は○×だ」とか，「研究者1人あたりの研究費額」，「1論文あたりの研究費額」というような単純な比較がなされることがありますが，こうした際にも，研究・研究者・研究費といってもどの部分を指しているのかを正しく比較しないと，分析を大きく誤ることがよくあるので，十分に注意する必要があるのです。

（2）研究の種類

基礎，応用，開発

さて，研究の目的を大きく分類すると，基礎研究，応用研究，開発研究に分けられます。

例えば，パソコンの中にはハードディスクドライブ（HDD）という記憶装置が組み込まれており，現在では，500GBといった容量は当たり前になっています。こうした製品ができるまでには，まず，いかにして情報の記録密度を高めるかといった原理に関する基礎研究があり，ここで新たに発見された原理をどのように記憶装置に適応させていくかといった応用研究に引き継がれ，さらに，実際の製品として欠陥のないものでしかも生産しやすいものにしていくための開発研究が行われています。

企業では，開発研究や応用研究が中心に行われていますが，大学では，基礎研究54.2％，応用研究36.8％，開発研究9.0％となっており，基礎研究や応用研究が中心に行われています（図1）。

米国の大学の方が基礎研究重視

米国の大学と比べるとどうでしょうか。2012年のデータによると，米国の全大学の平均値では，基礎研究63.8％，応用研究26.9％，開発研究9.2％となっています。[3] 日本の大学よりも若干基礎研究の割合が大きく，応用研究の割合が小さいことがわかります。日米の研究の性格の分類の違いなどもあり，単純には比較できないかもしれませんが，私たちが思っている以上に米国の大学では基礎研究に重きが置かれている様子がうかがわれます。

（3）研究費

次に，研究にかかるお金を見てみましょう。日本では，年間17兆円くら

---

[3] "Science and Engineering Indicator 2014," Chapter 5, Table 5-2（National Science Board）

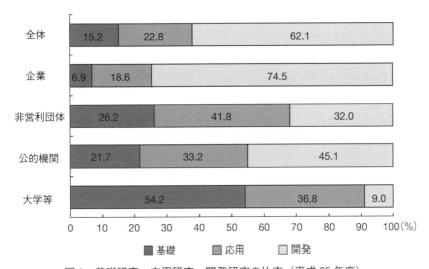

図1 基礎研究・応用研究・開発研究の比率（平成25年度）
注）自然科学（理学，工学，農学，保健）に使用した研究費のみ。
出典：「平成27年度科学技術要覧」4-2-1，総務省統計局「科学技術研究調査報告」

いの研究費が使われています。このうち約8割は民間が負担しており，残りの約2割（3.3兆円）を政府が負担しています。

なお，統計上は民間の中に私立大学の自己負担分が含まれているので，民間の企業が負担しているのは全体の7割程度です。政府が負担している3.3兆円の中には，国のほか，あまり多くはありませんが地方自治体の県立研究所や試験場などのものも含まれています。[4]

このように，日本全体の研究で捉えると，研究費の大半は民間企業によるものとなります。企業の研究開発支出は2007年度（平成9年度）をピークにやや減少する傾向にありましたが，最近では少し回復の兆しにあるようです（2007年度13.8兆円，2009年度12.0兆円，2011年度12.3兆円，2013年度12.7兆円）。[5]

なお，研究費の総額である17兆円の中には研究者の人件費（約8兆円），

---

[4] 総務省「科学技術研究調査（平成25年度）」第3表。
[5] 「平成27年度科学技術要覧」16-3　組織別研究費の推移　「会社」のデータによる。

研究所の管理費なども含まれているので、すべてが実験などの研究経費として使われているわけではありません。[6] これは、企業でも大学でも同じです。

日本は政府の負担する研究費が少ない

ちなみに、各国と比較してみると、日本の場合、政府が負担する研究費の割合が低いことがわかります（図2）。政府の負担額 3.3 兆円の額だけを見ると大きいように感じますが、諸外国に比べると科学研究の予算はまだ少なく、民間企業の自己負担によるところが大きいというのが実情です。[7]

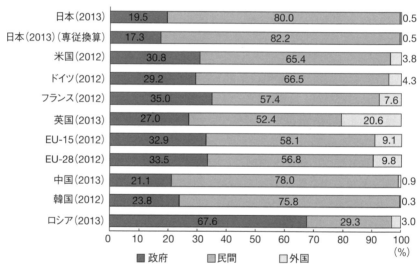

図2　主要国の研究費の政府・民間の負担割合
出典：「平成 27 年度科学技術要覧」、2-1-1

---

6) 総務省「科学技術研究調査（平成 25 年度）」第 2 表。
7) 日本の中で「専従換算」となっているのは、研究者について実際に研究に従事している時間を換算して、その分の人件費だけを研究費として計算したものです。例えば、研究者であっても管理業務を兼ねて行っている場合には、その分の人件費は研究費から除外されます。このため、専従換算の方が研究費が少なくなっています。各国の統計は、専従換算して比較されています。専従換算は Full Time Equivalent（FTE）と呼ばれ、研究に関する国際統計の比較の場面では、通常この考え方が採用されています。

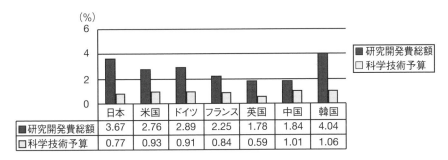

図3 主要国の研究費と科学技術予算の対GDP比（2011年）
出典：「科学技術指標2014統計集」 表1-1-2, 表1-2-2

　各国の研究開発費を国の経済力であるGDPとの比較でみると，図3のようになっています。
　民間企業を含めた研究開発費総額では，日本は3.67％と韓国と並んで多くなっています。一方，政府の科学技術予算で見ると，日本は0.77％で英国0.59％よりは多いものの各国の中ではむしろ少ない方で，米国0.93％，ドイツ0.91％（連邦政府＋州政府），フランス0.84％，中国1.01％（中央政府＋地方政府），韓国1.06％となっています。
　このように，日本は研究開発費の総額としてはGDP比で大きい方ではありますが，多くを民間企業における研究費が占めており，国による研究開発支出である科学技術予算としては，国力（GDP）からすると決して多い方ではないということがわかります。

2章
大学での研究を支える科研費

　さて，本題の科研費の話に移りましょう。全国の大学や研究機関では，様々な研究活動が行われています。科研費は，こうした研究活動に必要な資金を研究者に助成するしくみの1つとして，なくてはならない存在になっています。正式名称は「科学研究費助成事業」ですが，「科研費」(かけんひ) の略称で呼ばれています。

(1) 大学の研究費

　1章の統計で見たように，大学には18万人くらいの研究者（本務教員）がいます。大学の研究者は，幅広い分野にわたって研究を行っていますが，これに必要な研究費としては，大学から配分してもらえるものと研究者が個別に申請して獲得してくるものがあります。

　国立大学の場合，最近では，大学から配分される研究費は非常に少なくなっており，トップクラスの国立大学の理工系の教授でも年間わずか十万円ちょっとといった例も珍しくないようです。これは，国立大学に対する国からの予算（国立大学運営費交付金）が徐々に減っていることが大きく影響しています。[8] 研究者の意識調査からも，国立大学における研究に必要な基盤的経費については，著しく不十分であるとの回答結果が示されています。[9]

---

[8] 国立大学法人の運営費交付金収益は，平成16年度に1兆2,415億円でしたが，平成27年度には1兆945億円になっています。

[9] 調査結果が2.5を下回る場合は，最も悪い状況である「著しく不十分」であることを示しています。

また，調査を開始した2011年度と比較しても悪化傾向にあり，特に国立大学の中でも第1グループ（大規模な総合大学等）よりも第2，第3，第4グループ（中規模以下の地方の大学など）における困窮度が目立っている状況がうかがえます（図4）。

さて，研究の分野によって研究に必要な経費の額は異なるとはいえ，月々数万円では学会の出席や論文の投稿，図書の購入もままならないような状況です。

このように，現在では，研究費は基本的に研究者自らが外部資金から獲得しなければならないという状況にあります。この点については，研究費負担のあり方として大きな問題を含んでおり，161ページの「国立大学におけるデュアル・サポートの変化と論文への影響」もご覧ください。

外部資金とは，公的な研究費制度によるもののほか，民間企業からの受託研究なども含まれます。研究分野によっては，企業との共同研究もあれば，企業から研究を委託されることもあり，こうした企業からの研究費の受け入れも，研究費の中で一定の割合を占めるようになっています。しかし，企業としては，企業側の目的に合致したものにしか研究費を出しませんから，基本的に，大学の研究者が民間企業から研究費や寄付金を得るのは容易ではありません。

したがって，公的な研究費制度の役割が大きくなるわけですが，こうした研究費の配分のための制度は「競争的資金制度」と呼ばれます。競争的資金

問	質問内容	大学グループ別		
		第1グループ	第2グループ	第3・4グループ
Q1-18	研究開発にかかる基本的な活動を実施するうえでの基盤的経費の状況	↓ -0.81	⇒ -0.24	⇒ -0.26
	2011	2.9	1.9	1.8
	2012	2.6	1.9	1.7
	2013	2.3	1.9	1.7
	2014	2.1	1.7	1.6

図4　基盤的経費の状況（国立大学のみに対象を絞った分析）
出典：「科学技術の状況に係る総合的意識調査（NISTEP定点調査2014）報告書」

とは，研究者から提案される研究計画について審査を行い，その中から優れた研究計画を採択し，一定期間研究費を助成するというしくみのことで，文字どおり「競争して獲得する研究費」ということです。

競争的資金の中における科研費

国では，科学研究に関係する各府省が競争的資金制度を運営しています。その多くを文部科学省が所管していますが，厚生労働省は国民医療にかかる観点から，経済産業省は産業技術やエネルギー開発に関する観点から，それぞれ研究開発を進める必要があり，それぞれの行政目的に応じた競争的資金制度を所管しています（表2）。

科研費も競争的資金の中の1つですが，政府の競争的資金全体の半分以上を占める最大の制度になっています（平成27年度予算額2,273億円）。[10] なお，厚生労働省には「厚生労働科学研究費補助金」という制度があり，一般には厚労科研費と呼ばれていますが，新聞などでは単に「科研費」と記述されてしまい，まぎらわしくなることもあります。

研究は，基礎，応用，開発のそれぞれのステージによって，研究活動の形態も異なり，研究者の関心や発想によりながら比較的自由に行うものから，あらかじめ重点的に取り組むべき分野や目標を定めてプロジェクトとして行うもの，さらにもっと具体的な製品開発に結びつけるためのものなど，様々なものがあります。競争的資金もそれぞれの制度の目的によって，研究支援の形態や選考の考え方・方法が異なります。

科研費は，人文学・社会科学分野を含むあらゆる学問分野を対象に，基礎研究から応用研究までの幅広い学術研究に対して助成を行っており，研究者の自由な発想に基づく研究活動を重視しています。科研費は基礎研究しか対象としないというのは誤解です。例えば工学系の研究では，応用研究が含まれることはむしろ当然であり，科研費ではこうした研究も対象になっています。

---

10) 各府省の競争的資金の合計は，平成21年度（4,912億円・47制度）をピークとして，その後減る傾向にあり，平成27年度には4,213億円，19制度になっています。

表2 競争的資金制度（平成27年度予算）

府省名	担当機関	制度名	H27年度予算額（百万円）
内閣府	食品安全委員会	食品健康影響評価技術研究	194
		小計	194
総務省	本省	戦略的情報通信研究開発推進事業	2,419
	本省	ICTイノベーション創出チャレンジプログラム	370
	本省	デジタル・ディバイド解消に向けた技術等研究開発	41
	消防庁	消防防災科学技術研究推進制度	138
		小計	2,968
文部科学省	本省/日本医療研究開発機構	国家課題対応型研究開発推進事業	23,138
	日本学術振興会	科学研究費助成事業（科研費）	227,289
	科学技術振興機構/日本医療研究開発機構	戦略的創造研究推進事業	61,115
	科学技術振興機構/日本医療研究開発機構	研究成果展開事業	29,807
	科学技術振興機構/日本医療研究開発機構	国際科学技術共同研究推進事業	3,408
		小計	344,757
厚生労働省	本省	厚生労働科学研究費補助金	7,183
	日本医療研究開発機構	医療研究開発推進事業費補助金	44,469
		小計	51,652
農林水産省	本省	農林水産業・食品産業科学技術研究推進事業	5,238
		小計	5,238
経済産業省	本省	革新的ものづくり産業創出連携促進事業	10,272
	新エネルギー・産業技術総合開発機構	先導的産業技術創出事業	187
		小計	10,459
国土交通省	本省	建設技術研究開発助成制度	253
	本省	交通運輸技術開発推進制度	180
		小計	433
環境省	本省	環境研究総合推進費	5,300
		小計	5,300
防衛省	本省	安全保障技術研究推進制度	260
		小計	260
		合計	421,261

出典：内閣府ホームページ「競争的資金制度」

研究の内容に関して，政策的に目標を定めた上で該当する研究を支援するようなやり方はトップダウン型，それぞれの研究者からの提案に委ねるやり方はボトムアップ型と分けられます。ボトムアップ型の助成の場合は，研究者の自由なアイデアが活かされるので，多様性を確保することにつながります。

　このようにして，ボトムアップ型の研究からは様々な新しい研究の芽が出てくるわけですが，こうした芽の中で，特に政策的な観点から重要とされるものについて戦略的に育てていくことは，トップダウン型の制度の得意とするところです。最近の日本人のノーベル賞受賞者の場合でも，受賞のきっかけとなった研究は，トップダウン型の研究費制度が注目する以前に，科研費やそれ以外のボトムアップ型の研究費によって行われていたものがほとんどです。

多様性の確保が科研費の戦略
　ボトムアップ型はトップダウン型に比べて成果が出る確率が低く効率も悪いように感じられるかもしれませんが，その際の成果とは何でしょうか。

　そもそもボトムアップ型の研究から芽が出にくくなれば，先につながるものが少なくなり，トップダウン型で重点的に支援すべきものも乏しくなってしまいます。さらに，本当に革新的なイノベーションは，思わぬ所から生み出されることが多く，なかなか予想できるものではありません。逆に，予想できるようなものであれば，世界各国でも同じように力を入れるので，その中で常に抜きん出た成果を出していくことはできません。いい芽が出た後で重点的に育てることと，重点的に狙っていい芽を出させようとすることはまったく違うということです。

　選択と集中という言い方がされることもありますが，研究の早い段階から選択と集中をしてしまうと，多様性が失われてしまいます。ボトムアップ型の研究をどれだけ行えているかは，持続的に科学を発展させていくための土台がしっかりしているかどうかと同じことであり，その土台がしっかりしていないと，その上にいかに戦略的に研究を重ねていこうとしても，途中で崩れてしまったり，高さを伸ばすことはできなくなるでしょう。

　持続的に発展する科学技術立国を目指す日本にとっても，研究者の自由な発想に基づくボトムアップ型の研究をしっかり支えることは，多様性を確保するための基盤的な政策であり，科研費の役割と戦略性はそこにあるのです。

企業からみても大学の研究の多様性が重要
　イノベーションの加速のためにもボトムアップ型の研究による多様性の確保が極めて重要だとの意見は，大学関係者だけの意見ということではなく，産業サイドからの意見でもあります。
　例えば，経済産業省の産業構造審議会の報告書の中においても，「技術シーズのもとになる基礎研究の最も重要な担い手は大学である。大学には，様々な手法を通じ，生み出した成果を社会につなぐ働きも期待されるが，最も重要な役割は，独創性の高い基礎研究を行い，世界的にも優れた論文や技術シーズを数多く生み出すことである。……基礎研究分野における研究内容の多様性や独創性は，革新的技術シーズの萌芽を生み出す土壌として非常に重要である。また，優れた技術シーズになるかどうかは研究段階ではわかりにくい場合もあることから，独自性のある研究を継続して行うことも重要である」とされています。さらに，「にもかかわらず，研究資金の多い分野に研究者が集まり，短期的な成果が出る研究のみに携わる流れが生じ，基礎研

究の多様性が失われている」と指摘しています。[11]

　また，産業・工業系の新聞社の記者の方からも，次のような興味深い話を伺ったことがあります。

　「自分（記者）は，仕事柄企業の研究所に取材に行くことが多いのですが，企業の研究者から，最近の大学の研究の様子を見ていて心配になっているという声をよく聞きます。どういうことかというと，大学の先生方には，もっと自由に基礎的な研究をやってもらうことを期待しているのに，今の大学の予算や研究費の状況をみると，そうしたものが行いにくくなっています。自由な研究を行うためには，競争的な研究費だけではなく，大学の中で自由に使える研究予算も必要なのです。大学が基礎的な研究でいい芽を出してくれないと，企業としては，20年後，30年後の成長のネタが乏しくなってしまうので，大学の研究費の現状は企業にとっても重大な問題だというのです」

　これには続きがあります。この記者の話を企業の研究所の方にした時に，その方は次のようにおっしゃっていました。

　「企業の側がそのように考えているというよりも，企業の中で研究に携わっている者はそういうことがわかっているんですが，経営サイドはというとそうでもないのですよ。これは企業の中でも問題になっていて，以前であれば，企業においても10年，20年後のことを考えて，自分の会社の中でも研究開発に投資していくという考えが当然のこととしてあったのですが，最近の経営のスタイルは，当面の業績で評価されるために，どうしても当面金食い虫になる研究開発投資を削りたがるんですよ。いくら技術は買ってくる方が効率的とか，オープン・イノベーションの時代だとか言っても，自社の研究開発もしっかりやっておかないと，グローバルな競争を勝ち抜いていくというのはそう甘いものではないですからね」

　少し前になりますが，読売新聞にこんな記事が載っていました（平成24年6月21日夕刊「探求」欄）。スクラップからのレアメタルの効率的な回収の研究で注目されている東京大学の岡部徹教授を紹介したものです。

11）産業構造審議会　産業技術環境分科会　研究開発・評価小委員会　中間とりまとめ（平成26年6月）より。

この中で,「10年前にはこんな研究をやるのはバカだと言われた。レアメタルなんて中国から安く買えるだろう,と。若手研究者もナノテクノロジーなどに流れ,レアメタル回収の研究者は絶滅危惧種とからかわれた」と,10年ほど前の状況が語られています。

調べてみると,この絶滅危惧種といわれていたころ,科研費で「磁石合金スクラップからの希土類金属の高効率回収」(2001～2002年)の研究が採択されていました。科研費が研究の多様性の苗床といわれる所以がここにあるわけです。また,つい5年,10年先といった比較的近い将来のことであっても,この分野が重要になるということが,必ずしも見通せない場合もあるということを示す1つの例といえるのではないでしょうか。

なお,本当の意味で研究者の自由な発想による多様な研究を確保するためには,科研費制度の充実だけでは不十分です。科研費も競争的資金であり,申請の7割以上が不採択にされています。そうした中にも独創的な芽につながるものが隠れているかもしれません。また,1つの研究課題の研究期間は平均3年程度であり,その間に成果を出さなければ次の研究費の獲得につながらないのではないかといったプレッシャーから,どうしても長期的な視野に立った研究がしにくくなるといった課題を指摘する声もあります。

こうしたことからも,国立大学でいえば,教育研究の最も基盤を支える経費となる運営費交付金の充実を図り,じっくりと研究ができる環境を整えていくことが大変重要だと考えます。

(2) 科研費の応募・採択の状況

採択率30%が1つの目標

科研費全体では,平成26年度には,概ね9万7千件の応募があり,このうち,約2万6千件が採択されました。これに継続の研究課題を加えると,7万2千件を超える研究課題に助成が行われています。

これまでの推移を見ると,応募,採択ともに,件数はほぼ増え続けています(図5)。特に,平成16年度から国立大学の運営費交付金が削減されはじめたことにより,科研費への依存が高まってきたこと,また,研究者の評価

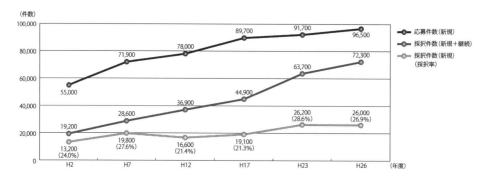

図5 科研費の応募・採択件数の推移
出典:「科学研究費助成事業 2015」パンフレット

の厳格化に伴って,科研費への応募を1つの評価の観点にする大学が出てきたことなどから,科研費への応募は増加する傾向にあります。

応募数が増えたことによって,採択率は徐々に低下し,平成7年度には約28％であったものが平成12年度には21.4％となり,平成22年度までの10年ほどの間は20％台の前半にまで低迷していました。こうした中,平成23年度には予算の大幅な拡充が図られ,特に総額500万円までの小規模な科研費である基盤研究C,若手研究B,挑戦的萌芽研究の3研究種目の採択率が約30％まで引き上げられたことから,科研費全体の採択率は全体で28.6％まで改善しました。ただし,特別推進研究,基盤研究S,新学術領域研究といった大型の研究種目はまだ10％台の低い採択率のままです。

日本の科学技術振興の方針を示す政府の科学技術基本計画（第4期）では,科研費の新規課題の採択率30％を1つの目標として示しています。採択率があまりに低いと,応募しても採択されずに結果的にムダになる研究計画がたくさん出てしまうため,研究者の側からすれば時間の浪費につながりますし,応募の意欲も低下してしまいます。逆に,採択率が高すぎれば,それほど良い研究計画でなくても採択されてしまうというムダが生じることになります。新規の採択率30％というのは1つの目安ではありますが,科研費の応募の実態からすると,どちらのムダも少なくなる,ほどほどの水準ということができるでしょう。

採択率だけでなく研究期間も重要

ちなみに，研究助成の政策を考える上では，採択率と研究期間の2つが重要な視点の1つになります。採択率が高くても，研究期間が短ければ，研究者はたびたび研究費の応募を行わなければならず，落ち着いて継続的に研究を行うことができなくなります。逆に，採択率が低くても，研究期間が長ければ，一度採択された者は比較的落ち着いて研究できるようになります。

図6は，採択率と研究期間の関係を模式的に示したものです。採択率が30％，平均的な研究期間が3年で安定的に繰り返されているとすると，科研費を必要とする研究者のうち56％が科研費を受けているという状況になります。これに対して，採択率が22％であれば，平均の研究期間が同じ3年でも，科研費を受けている研究者は10％減って全体の46％程度となります。これは，平成22年度までの科研費の受給関係の姿に近いものを表しています。仮に，採択率が30％で平均の研究期間も4年と長くなれば，63％の研究者が科研費を受けているという状況になります。科研費を必要として応募する研究者の約6割が科研費を受けているということになりますが，このあ

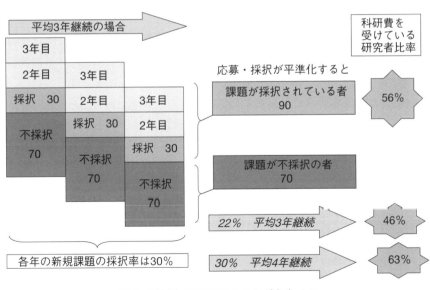

図6　採択率が30％になるとどうなるか

たりが，甘くもなく厳しすぎでもなく，適度な競争的環境といえるのではないでしょうか。

なお，前述したように，大学の研究者（教員）の数は18万人ほどです。一方，科研費には，新規と継続合わせて14万件の応募があります。これは件数であり，人数ではありませんが，いずれにしても大学の教員全員が科研費に応募しているわけではないことがわかります。

採択率にしても，約6割が科研費を受けられるというシミュレーションにしても，大学の教員全体についてではなく，「科研費に応募している者」＝「科研費の研究費を必要としている者」を分母としているということです。

配分額は削られる

科研費が採択されても，応募した額が満額認められることはまれです。

一般的には，残念ながら減額されることがほとんどで，全体平均では応募額に対して7割程度の額しか認められていません。減額された中には，個別の査定によるものもありますが，大部分は，その年の科研費予算の総額と応募・採択件数の関係から，どうしても減額しなければならないという事情によるものです。

すなわち，応募状況に対して十分な予算額が確保できない場合，その予算額の中で一定の採択率を確保するためには，採択研究課題に配分する研究費の額を少しずつ削らないと，予算が足りなくなるということです。

科研費は，非常に多くの研究者の研究を支える制度であることから，個々に配分する研究費を少しずつ削ってでも，できるだけ多くの人に配分する（採択率をある程度確保する）という考え方をとってきました。こうしたことが続いていることから，配分額が削られることがいわば恒常化してしまっているわけですが，これでは研究者の側からすれば研究費の計画を真面目に書く意味が薄れてしまいます。

科研費予算の拡充によって採択率が30％を目指すとともに，これまで削られてきた配分額を向上（回復）させていくことが求められます。

採択された全科研費の1課題あたりの平均配分額は，年額で約216万円となっています（平成27年度，新規および継続課題）（表3）。

表3　科研費の主な研究種目の配分状況（平成27年度　新規課題＋継続課題）

研究種目	研究課題数	配分額	1課題当たりの配分額	
			平均	最高
科学研究費の計	件 73,905	億円 1,596 【478】	万円 216	万円 21,130
特別推進研究	74	56	7,631	21,130
新学術領域研究 （研究領域提案型）	2,604	214	820	13,690
基盤研究（S）	420	123	2,924	9,760
基盤研究（A）	2,230	187	837	2,920
基盤研究（B）	8,682	312	359	1,310
基盤研究（C）	32,432	360	111	350
挑戦的萌芽研究	8,904	105	118	310
若手研究（A）	1,315	63	482	1,780
若手研究（B）	14,814	156	105	300
研究活動スタート支援	1,721	17	101	15
奨励研究	709	3	49	80

注）【　】内は，間接経費（外数）。
出典：文部科学省公表資料「平成27年度科研費助成事業の配分について（概要）」，資料1-1-2

　ただし，研究種目によって大きく異なり，小型の基盤研究Cでは111万円，最も大型の特別推進研究では7,631万円と大きな差があります。件数ベースでは，基盤研究Cや若手研究Bなどの小型の研究課題が圧倒的に多いので，実際には年間100万円台の研究者が多いということになります。したがって，大多数の研究者は，この中から，必要な物品の購入，研究の旅費，研究をサポートする人への謝金などを工面しているわけです。

　狭き門をくぐって採択され研究費を獲得したとはいえ，多くの研究者の台所事情はかなり厳しいというのが実情です。

（3）科研費の予算額

拡充を続けてきた科研費予算

　科研費が現在の制度に近い形になったのは昭和40年度ですが，それ以前から研究助成の制度はあり，最も古い「科学奨励金」の制度は大正7年に創設されています。これだけ長く同様の制度が継続しているのは，科研費が支援している学術研究の重要性が時代を超えたものだからです。

　これまでの間，科研費の予算はほぼ右肩上がりで伸び続けてきました。ちなみに，貨幣価値の違いはありますが，大正7年度の年間予算は14万5千円でした。戦後の昭和23年度には2億4千万円，昭和30年度に10億円を超え，昭和47年度には100億円，平成8年度には1,000億円を超えました。

　その後，政府が5年ごとに科学技術基本計画を定めるようになりましたが，平成8年度から始まる第1期科学技術基本計画と平成13年度からの第2期基本計画期間中の10年間も順調に予算が伸びました。

　しかし，平成18年度からの第3期基本計画の5年間では予算の伸びにブレーキがかかりました。これは，国全体の財政状況が非常に厳しくなったことが影響しています。

　こうした中，平成23年度には，前年度に比べて633億円（約33%）という飛躍的な増額が図られました（予算額2,633億円）。

　この増額の大きな要因の1つは，科研費を複数年度で使用できるようにするために基金化を導入したことにあります。基金化に伴い，翌年度以降の研究費を一括措置したもので，633億円の増額分のうち429億円が翌年度以降の研究費分に該当します（図7の②の■■部分）。

　もう1つの要因が，採択率の大幅な改善です。科研費の採択率はそれまで平均では22%程度まで低下していましたが，総額500万円以下の小型の研究種目である基盤研究C，若手研究B，挑戦的萌芽研究の3研究種目について，そろって30%まで大きく採択率が引き上げられました。

　これらに必要な増額分が633億円のうちの204億円であり，実際に平成23年度に配分される研究費のベースでは，前年度に比べて204億円の増，

①基金化以前の科研費で必要となる予算額

継続課題分 { 2年目の課題の研究費 / 3年目の課題の研究費 / 4年目の課題の研究費 / 5年目の課題の研究費 }
新規採択課題 1年目の研究費

②基金化した年に必要となる予算額

継続課題分 { 2年目の課題の研究費 / 3年目の課題の研究費 / 4年目の課題の研究費 / 5年目の課題の研究費 }
新規採択課題 1年目の研究費 | 2年目の研究費 | 3年目 | 4年目 | 5年目
※①と比較すると，▨部分の予算の増額が必要となる。

③基金化の次の年に必要となる予算額

継続課題分 { 3年目の課題の研究費 / 4年目の課題の研究費 / 5年目の課題の研究費 }
新規採択課題 1年目の研究費 | 2年目の研究費 | 3年目 | 4年目 | 5年目
※②と比較すると，「2年目の課題の研究費」分が少なくなっています。すでに前年度の採択時に基金予算の中で措置されているからです。

④科研費全体の基金化が完成した時点で必要となる予算額

新規採択課題 1年目の研究費 | 2年目の研究費 | 3年目 | 4年目 | 5年目
※継続課題に必要な研究費は，採択年度に措置済みなので予算措置は不要になります。このため，採択規模が同じであれば，必要な予算額は①と④は同額となります。

図7 基金化をめぐる科研費で必要となる予算額の比較

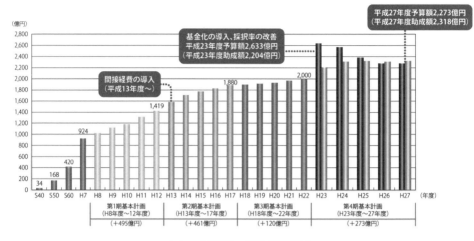

図8　科研費の予算額の推移
出典：「科学研究費助成事業 2015」パンフレット

割合で比べると，約1割のアップということになりました。基金化する前の科研費では，「ある年の予算額」=「その年の助成額」と考えてよかったのですが，基金化後の科研費については，予算額と助成額が異なるようになったため，予算額とは別に配分額が示されるようになりました。研究者にとっては，実際に配分される助成額こそが最も重要な関心事でしょう。

その後，平成24年度の予算は2,566億円（前年度に比べて67億円の減），25年度は2,381億円（同185億円の減），26年度は2,276億円（同105億円の減）と大きく減り続けました。23年度のピーク時に比べると，357億円が減少したことになります。大幅な減少に見えますが，その主な理由は次のとおりです。

基金化された基盤研究Cなどについては，例えば平成23年度の採択分については，数年にわたる研究期間中の研究費が23年度の基金予算の中ですべてカバーされています。このため，過去に採択した課題の当該年度の研究費について，その年の予算に計上する必要はなくなります。

これに対して，基金化されていない研究種目については，過去に採択した課題の当該年度の研究費はその年の予算で負担（計上）しなければなりませ

ん。基金化された3研究種目についても，基金化前に採択したものについては，同様に各年度で予算が必要になりますが，その件数は年々減っていくので，このために必要な予算も自然に減ることになります。この分の減少が含まれているので，357億円がまるまる研究費の配分の減になっているわけではないのです（図7の③④を参照）。

昨今の厳しい状況

一方，平成26年度の予算額は2,276億円，助成規模は予算ベースで2,305億円となっており，助成額が予算額を上回って逆転している状況になっています。[12]

これは基金に留保している分によって，一時的に可能になっているものです。基金化後は，予算額と助成額が異なってくると説明しましたが，とはいえ，魔法でも使わない限り，予算額以上の助成額を何年も続けることはできません。収入以上の生活を続けることができないのと同じで当たり前のことです。このため，科研費の予算額が再び増えていかない限り，助成額は徐々に減っていくしかありません。

科研費の長い歴史のなかでは予算が減ったことはありませんでしたが，これはすなわち助成額が減ったことがないことを意味しています。平成23年度に助成額が一気に約200億円増額したとはいえ，今後助成額が減り続けるということになれば，日本の科学技術力の基盤をゆるがす大問題となることが心配されます。

科研費の規模を米国と比較すると

各国にも科研費のような競争的資金制度があります。

例えば，米国には，競争的資金を配分する機関（ファンディング・エージェンシー）として，NSF（全米科学財団）やNIH（国立衛生研究所）など，英国には分野別のリサーチ・カウンシル（研究協議会）があり，それぞれの

---

12) 平成27年度も予算額2,273億円に対して助成額2,318億円，平成28年度も予算額2,273億円に対して助成額2,343億円といずれも助成額が予算額を上回っています。（助成額はいずれも予定額）

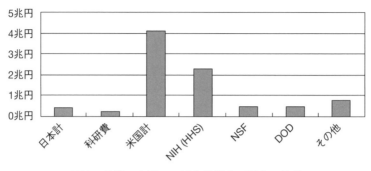

図9 日米の大学への競争的資金の配分の比較
注) 1ドル＝110円として計算。
日本は競争的資金の総額で大学以外への配分を含む額（平成26年度）
出典："Higher Education Research and Development, FY2014," Table 22 (NSF)

機関から研究者に研究費が配分されています。

　ちなみに，NSFは財団と訳されていますが，民間団体ではなく，連邦政府から予算が措置される国家機関の一種であり，日本で例えれば独立行政法人のような組織です。NIHはライフサイエンス分野を対象とした国立の巨大な研究所ですが，自らの研究組織を持つとともに，外部に対する研究助成を行う機能も有しています。

　この2機関だけでも，米国内の大学に対して281億ドル（約3兆円）の競争的資金の配分を行っています（図9）。米国ではこのほかにも，エネルギー省（DOE），国防省（DOD），航空宇宙局（NASA）なども大規模な競争的資金制度をそれぞれ持っており，日本との人口規模や国力差を考慮しても桁違いの研究助成が政府によって行われていることがわかります。

　また，米国の大学の研究費の多くが基礎研究に使用されていることからわかるように，これらの競争的資金の多くも基礎研究に対して配分されています。2011年の統計では，連邦政府の各制度から，米国内の大学に対して総額約408億ドル（1ドル＝100円で計算しても4兆円以上）という巨額の助成が行われています。

民間団体による助成のしくみ

　また，こうした公的な制度のほかに，欧米では民間団体が大規模な研究助成を行っています。

　例えば，米国のハワード・ヒューズ医学研究所は生物医学分野の研究に関して年間8億ドル（800億円，1ドル＝100円で計算）を超える規模の事業を行っており，[13] また，イギリスのウェルカム・トラストは年間5億ポンド（約850億円，1ポンド＝170円で計算）を超える規模の事業を行っています。[14]

　こうした民間団体は独自の理念に基づき，公的な制度では行いにくいような思い切った事業を行うことができるため，特に，極めて独創的なために必ずしも成果が出ないかもしれないようなチャレンジングな基礎研究の支援に有効だとされています。

　日本にも研究助成を行う民間団体がいくつか存在しますが，その助成規模は年間1億円を超えるようなものは数少ないというのが現状です。寄付や慈善事業に対する価値観に大きな違いが見られるため，日本において寄付を大幅に増やすことは難しいとされますが，それだけに，日本においては国による研究助成が非常に重要な意味を有しているわけです。

（4）科研費の「研究種目」

①基本的な研究種目の構成

　科研費は，応募・審査を経て採択された研究者に対して，毎年あわせて2,000億円を超える研究費を配分しています。研究費の額はそれぞれの課題によって異なり，また，分野によっても，人文学・社会科学分野の研究は自然科学分野の研究に比べると，研究費が少ないものが多くなります。実際に科研費が助成している額は，1つの研究課題あたり年間100万円程度のものから，1億円を超えるものまで様々です。このような多様な研究課題について適切に審査を行い，また応募しやすくするため，研究の性格や研究費の規模などに応じて，いくつかの「研究種目」が設定されています（図10，表4）。

---

13) Howard Hughes Medical Institute, "2011 Annual Report, Finance & Investments"
14) Wellcome Trust, "Annual Report 2013"

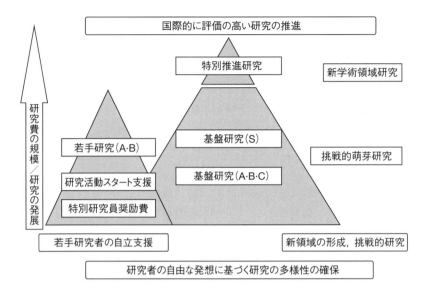

図10　科研費における基本的な研究種目の構成と考え方
資料：「科学研究費助成事業　2012」パンフレットより作成

　中心となる研究種目は「基盤研究」で，研究費の規模に応じて，C，B，A，Sの4段階に分かれています。
　また，科学研究を振興していくにあたっては，若い研究者を育てていくことが非常に重要になります。若い研究者であっても，自分の研究を行うためには，研究費は自分で獲得する必要があります。一方，若くてまだ実績が少ない研究者の卵は，ベテランの研究者と同じ土俵では研究費の獲得が困難になることが予想されます。
　こうした観点から，科研費では，若手の研究者だけが応募できる研究種目として「若手研究」（B・A）が設けられています。若手研究には，39歳までの研究者が応募できますが，若手研究の種目で採択されるのは2回までとの回数制限があり，この回数を超える場合は，39歳以下の年齢であっても「基盤研究」などに応募することとなり，ベテランの研究者と同じ土俵で競うことになります。
　基盤研究や若手研究は，研究者のメインテーマの研究課題を支援する性格

表4 主な研究種目とその目的・内容

研究種目等	研究種目の目的・内容
科学研究費	
特別推進研究	国際的に高い評価を得ている研究であって、格段に優れた研究成果が期待される1人又は比較的少数の研究者で行う研究 (期間3～5年、1課題5億円程度を応募総額の上限の目安とするが、上限、下限とも制限は設けない)
新学術領域研究	(研究領域提案型) 多様な研究者グループにより提案された、我が国の学術水準の向上・強化につながる新たな研究領域について、共同研究や研究人材の育成、設備の共用化等の取組を通じて発展させることを原則とする) (期間5年、単年度当たりの目安1領域1千万円～3億円程度を原則とする)
基盤研究	(S) 1人又は比較的少人数の研究者が行う独創的・先駆的な研究 (期間 原則5年、1課題5,000万円以上2億円程度まで) (A)(B)(C) 1人又は複数の研究者が共同して行う独創的・先駆的な研究 (期間3～5年) (応募総額によりA・B・Cに区分) (A) 2,000万円以上5,000万円以下 (B) 500万円以上2,000万円以下 (C) 500万円以下
挑戦的萌芽研究	1人又は複数の研究者で組織する研究計画であって、独創的な発想に基づく、挑戦的で高い目標設定を掲げた芽生え期の研究(期間1～3年、1課題500万円以下)
若手研究	(A)(B) 39歳以下の研究者が1人で行う研究 (期間2～4年、応募総額によりA・Bに区分) (A) 500万円以上3,000万円以下 (B) 500万円以下
研究活動スタート支援	研究機関に採用されたばかりの研究者や育児休業等から復帰する研究者等が1人で行う研究 (期間2年以内、単年度当たり150万円以下)
奨励研究	教育・研究機関の職員、企業の職員又はこれら以外の者で科学研究を行っている者が1人で行う研究 (期間1年、1課題10万円以上100万円以下)

出典:「科学研究費助成事業 2015」パンフレット

を持っていますが，メインのテーマとは別に，チャレンジングなテーマに取り組むことを支援する研究種目として「挑戦的萌芽研究」があります。

このように研究種目の性格が異なるので，挑戦的萌芽研究においては，基盤研究や若手研究といった一般的な研究種目とは異なる審査基準が用いられるとともに，基盤研究の一部などとの重複採択が認められています。

「基盤研究」や「若手研究」などは，基本的に個々の研究者が行う個人研究タイプの研究種目ですが，様々な研究者がチームを組んで行うタイプの研究も重要です。こうした研究を支援するのが「新学術領域研究」です。

このほか，新たに研究者として採用されたり，海外から赴任するなど，通常の応募時期に応募できなかった者を対象にした「研究活動スタート支援」という研究種目があります。

これらの基本的な研究種目のほか，平成27年度には，新たに，国際共同研究の推進を目的とする研究種目として「国際共同研究加速基金」が創設されました。また，平成26年度からは，現行の細目を基本とした審査方式ではなく特設された幅広い視点からの審査を希望する研究課題について，「特設分野研究」が設けられています。

②特徴的な研究種目

「新学術領域研究」（領域提案型）

基盤研究や若手研究などの研究種目は，基本的に個々の研究者を単位とした研究助成を念頭に置いていますが，「新学術領域研究」は，様々な研究者がチームを組んで行うタイプの研究で，研究領域を提案していくという大掛かりなタイプの研究を対象としています（図11）。

公募要領においては，革新的・創造的な学術研究の発展が期待される研究領域であって，多様な研究グループによる有機的な連携の下に新たな視点や手法による共同研究等の推進により，(1)既存の学問分野の枠に収まらない新興・融合領域の創成を目指すもの，または，(2)当該領域の格段の発展・飛躍的な展開を目指すものとの趣旨が示されています。さらに，次の1)〜3)のすべての要件を満たさなければならないとされています。

1) 基礎研究分野（基礎から応用への展開を目指す分野を含む）であって，

図 11　新学術領域のイメージ
出典：「科学研究費助成事業 2015」パンフレット

複数の分野にまたがる新たな研究領域の創成・発展が期待されるもの。
2)（ⅰ）国際的な優位性を有する（期待される）もの、または，（ⅱ）我が国固有の分野もしくは国内外に例を見ない独創性・新規性を有する（期待される）もの，または，（ⅲ）学術の国際的趨勢等の観点から見て重要であるが，我が国において立ち遅れており，当該領域の進展に格段の配慮を必要とするもの。
3) 研究期間終了後に十分な成果及び学術的又は社会的な意義・波及効果等をもたらすことが期待されるもの。

研究は，複数の柱となる計画研究によって構成され，それぞれに研究代表者が置かれ，さらに全体を総括する総括班に領域代表者が置かれます。

領域代表者は全体をオーガナイズしながら，複数の計画研究が有機的に連携するようにしていきます。また，各計画研究においては，さらに別の研究を公募することが求められます。これにより，当初のメンバーだけではなく，外部からさらに新しい観点を導入することができるとともに，領域としての人材育成を図ることも期待されています。

科研費に採択された領域が，今度は研究課題を公募する側になるというものであり，新学術領域研究の大きな特徴となっています。

「特設分野研究」

　特設分野研究は平成26年度から創設されたもので，基盤研究B・Cの一部として扱われています。

　特設分野研究は，通常の基盤研究B・Cの細目では審査が困難と思われる研究課題のために設けられたもので，平成28年度には，「ネオ・ジェロントロジー」，「連携探索型数理科学」，「食料循環研究」，「紛争研究」，「遷移状態制御」，「構成的システム生物学」，「グローバル・スタディーズ」，「人工物システムの強化」，「複雑系疾病論」の9つの分野が設けられており，公募要領にその内容が示されています。

「国際共同研究加速基金」（国際共同研究強化）

　学術研究の国際化を推進することを目的として，平成27年度から設けられたものです。基盤研究，若手研究に採択されている研究者が応募することができます。

　研究者の一定期間の海外への渡航を推進することを目的とするもので，旅費や滞在費などの渡航に係る経費のほか，海外での研究に必要な研究費，渡航者の職務（例えば授業など）を代替して行う者を雇用するために必要な経費なども認められています。通常の科研費とは趣を異にするものといえるでしょう。

　研究者がまとまった期間海外に渡航するケースとしては，ポスドクや助教といった比較的若い研究者が多くなっていますが，「国際共同研究強化」においては，36歳から45歳以下というように，准教授，教授クラスを想定した年齢設定になっており，これらの者が半年から1年程度のまとまった期間を海外の研究機関で過ごすことが期待されています。

　なお，半年以上の期間を海外で過ごすわけですから，所属する国内の大学等の人事面の調整が必要になると考えられます。このため，27年度の公募においては，採択された場合でも，2年後の29年度末までに渡航開始すればよいというように，猶予期間が設けられています。

「国際共同研究加速基金」（国際活動支援班）

　新学術領域研究の各研究課題（領域）における国際共同研究ネットワークを構築することを目的とするものです。具体的には，国際共同研究の推進，関連する海外の研究者の招聘，ポストドクターの相互派遣等による研究人材育成，持続的な国際ネットワークを目指した国際シンポジウムの開催など，幅広い活動が想定されます。

　なお，一般の科研費とは異なり，公募により一般の研究者が応募するといったものではなく，すでに発足している新学術領域の領域代表者が応募するものになっています。

「帰国発展研究」

　海外で研究実績を重ねた優秀な日本人研究者が帰国する場合に，日本の研究機関において帰国後すぐに研究を開始できるよう，帰国前から科研費の応募資格を付与するものです。採択されても帰国しなければ科研費が交付されませんので，帰国を条件とした予約採択のようなものになります。

「海外学術術調査」

　基盤研究A・Bには，「海外学術調査」という特別な応募区分があり，研究の対象や方法において，主たる目的が国外の特定地域におけるフィールド調査・観測・資料収集を行うものが対象となっています。

「奨励研究」

　一般の科研費は，大学等の研究機関に所属する研究者が公募対象になり，応募資格が定められていますが，「奨励研究」については，こうした研究者以外の方を対象としています。応募金額は100万円以下との制限がありますが，研究を行っている方であればどなたでも応募することができます。実際には，大学等の研究機関において，研究者ではなく技術系の職員として研究支援を行っている方々や高等学校などの学校の先生が数多く応募・採択されています。

(5) 応募から審査,採択されるまで

①年間のスケジュール

　科研費の応募・審査・採択は,基本的に年1回の決まったスケジュールで行われています(図12)。

　ほとんどの研究種目において,年度が始まる4月には採択された研究がスタートできるように,前年の9月に翌年度の科研費の公募を開始し,11月に研究者からの研究計画の応募を締め切り,その後,12月から3月にかけて慎重に審査を行い,採択された課題については,4月1日に内定通知が送付されています。

　一部の大型の研究種目などについては,ヒアリングなどの審査手続きが加わるため,内定がもう少し遅くなっています。

　科研費の公募要領は,毎年更新され大学等の研究機関に配布されますが,ウェブサイトで誰でもダウンロードすることができます。また,外国人の研究者でもわかるように,英語版の公募要領,研究計画調書の様式も同じように公開されています。

②科研費への応募

　科研費には多くの大学の研究者が応募していますが,大学以外の民間企業などの研究者であっても,一定の手続きを経れば科研費に応募することができます。また,研究機関に所属する研究者であれば,外国人や非常勤の研究者でも応募することができます。

　実際に応募する場合には,各研究機関において研究者番号を取得する必要があります。海外にいる日本人であっても,日本の研究機関に一定の身分を有し,その研究機関の判断で研究者番号が与えられれば,科研費への応募は可能ということになります。また,共同で研究する場合,その中に研究者番号を有しない者が入ることも可能です。この中には海外にいる日本人や外国人の研究者が入ってもかまいません。これらの方々は研究費の配分を受ける研究分担者になることはできませんが,事実上研究に加わることに問題はあり

ません。

科研費の応募は，ウェブ上のオンラインのシステムを通じて行われます。こうしたシステムができる以前には，出来上がった応募書類を必要部数コピーして提出していましたが，現在はその必要はなくなりました。

応募のほとんどは日本語で行われていますが，英語で応募することも問題

図12　公募から内定までの流れ
出典：「科学研究費助成事業2015」パンフレット

はありません。英文の公募要領もウェブで公開されていますし、応募のオンラインシステムについても一部英語化されています。まだすべてが英語化されているわけではないので、外国人研究者本人が入力するためには、研究機関の同僚か担当者に若干の手助けを求める必要があるかもしれませんが、日本の研究環境の国際化に合わせた改善がなされています。

なお、研究機関に所属する研究者でなくても、「奨励研究」の研究種目については応募することができます。

③審査のしくみ

科研費制度の運営に当たっては、審査のしくみが非常に重要です。優れた研究計画を見極めて適切に助成できるかどうかが、科研費のような競争的資金制度においては生命線といえるでしょう。

ピア・レビューが支える科研費の審査

科研費の応募課題の審査は、約6,000人以上に及ぶ審査員によるピア・レビュー（peer review）で行われています。

審査員も研究者であることからピア（同じ立場の同僚）・レビュー（審査）と呼ばれています。研究の世界以外の方からすると、仲間うちの審査であり甘いのではないかと疑問に思われる方もいるかもしれませんが、科研費と同じような研究費の審査は、世界的にピア・レビューで行われています。研究計画の内容は当然ながら専門性が高いものであるため、これを適切に審査できるのは、結局のところ、その分野の最先端の研究に関わっている研究者しかいないということなのです。実際の審査は、仲間うちだから甘いというのとは逆に、同じ分野の研究者同士だからこそ厳しくチェックされるという面の方が強いように思われます。

科学技術・学術政策研究所が毎年行っている調査（科学技術の状況にかかる総合的意識調査2010）の中でも、科研費の審査については、公正で透明性の高い審査が行われているとの結果が出ています。

審査にあたって、審査委員には若干の審査謝金が支払われますが、実質的には研究者のボランティア的な協力によって成り立っています。科研費には

長い歴史があり，これまでも多くの研究者の研究活動を支えてきました。

　日本学術振興会の科研費ウェブページに「私と科研費」というエッセイのコーナーがあり，様々な分野の研究者が科研費に関する思い出や考えを述べておられますが，多くの研究者が，「科研費によって育てられた」と感謝の念を込めて語っています。審査委員経験者からは，科研費の審査に協力するのは，研究者としての当然の責務であるとの声も聞きます。

　このように，科研費は，研究者を支える制度であると同時に，研究者コミュニティによって支えられている制度でもあるのです。

審査のしくみはすべて公開

　審査の方針や基準は，日本学術振興会の科学研究費委員会において定められ，ウェブサイトで公開されています。審査は，第1段の書面審査と第2段の合議審査といったダブルチェックによって行われており，これらに合わせて6,000人を超える審査委員が関わってます（図13）。

　応募された研究計画は，研究種目や研究分野などに応じて，担当する審査員に送付され審査が行われます。こうした分類作業や審査資料の印刷作業は，コンピュータによってシステム化され効率化が図られています。

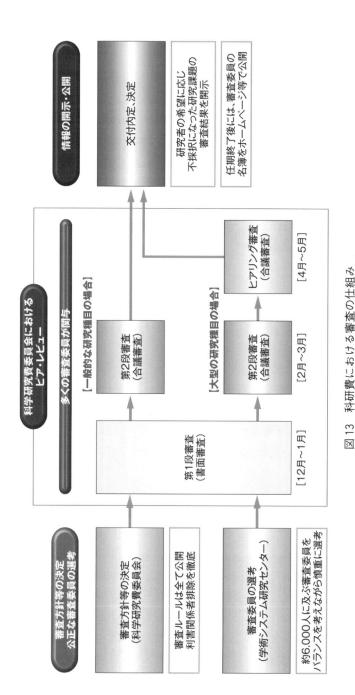

図13 科研費における審査の仕組み

出典：「科学研究費助成事業2015」パンフレット

第1段の書面審査

　科研費の審査は，基盤研究C，基盤研究Bといった具合に，応募した研究種目ごとに行われます。また，応募の際に，どの専門分野の研究なのか（どの専門分野の研究として審査されたいか）を記入することになっています。この専門分野については，約300に分かれた「系・分野・分科・細目表」（学問分野の一覧表のようなもの）が示されており，その中から1つの細目を選ぶ形になっています。

　書面審査の実際の様子について，代表的な研究種目である基盤研究と若手研究のケースで見てみましょう。

　応募された研究課題は，各細目を担当する審査委員に送られ審査が行われることになります。1つの研究課題について，4人または6人（基盤研究S・A・Bと若手研究Aは6人，基盤研究Cと若手研究Bは4人）の審査委員が担当します。11月に応募が締め切られた後，コンピュータ・システムで細目ごとに分類を行い，12月にはそれぞれの審査委員に応募書類が送付され，審査委員はこれを1月中旬までの約40日間をかけて審査することになります。

　専門分野（細目）によって応募される研究課題の数は異なるので，1人の審査委員が担当する研究課題の数も異なってきます。平成26年度の審査では，平均では1人の審査委員が約70件の応募研究課題の審査を担当しています。

　ちなみに，研究計画の書類は，ページ数で16ページほどになるので，平均でも1人で1,000ページ以上の書類に目を通すことになります。応募が多い分野では，この2倍以上の量を担当するケースもありますが，審査委員の負担などを考慮すると，できるだけ70件程度に抑えるようにしていこうというのが基本的な考え方になっています。

　審査結果はウェブを通してオンラインで入力するようになっており，研究計画の書類も審査委員のパソコン画面で見ることもできますが，やはり印刷された書類の方が見やすいとの声もあり，審査委員には担当分の研究計画はまとめて冊子形態の印刷物としても提供されています。分厚い電話帳が何冊か送られてくるといったイメージです。

かつては，研究計画書類の整理の過程で，大学のコード番号順に，国公私立に分けた後，北から南に並べていましたが，現在では，コンピュータ・システムでランダムに並べて印刷しています。

並び順によって，初めの方で審査される方が有利になるといった不公平が生じるのかどうか定かではありませんが，こうした細かい点においても，より公平な審査を行うための配慮がなされ改善が積み重ねられているのです。

審査にあたっては，審査基準が明確に定められており，ウェブでも公開されています（科学研究費助成事業における審査及び評価に関する規程）。審査委員は，この基準に則って審査を行うことになります。

具体的には，「研究課題の学術的重要性・妥当性」，「研究計画・方法の妥当性」，「研究課題の独創性・革新性」，「研究課題の波及効果・普遍性」，「研究遂行能力及び研究環境の適切性」といった5つの評定要素に基づく評価を行った後，全体としての総合評価が行われます。評定要素ごとの評価は，「優れている」から「不十分である」までの4段階の絶対評価，総合評価は5段階の相対評価で行われます。相対評価は，審査委員が担当する応募研究課題（平均で70課題ほど）の中で行うことになります。

これらの審査結果をオンラインのシステムで入力していきますが，相対評価の部分については，5段階のそれぞれにパーセントでの枠が設定されているため，これをはみ出す審査結果は受け付けられないようになっており，調整しなければ審査が終わらないようなシステムになっています。審査委員にとっては苦労するところですが，これも，より公平な審査を確保するための仕組みの1つです。

また，審査委員には，個々の研究課題について自由筆記でコメントを記入してもらいます。こうしたコメントは，第2段審査において重要な判断材料として用いられています。

審査のしくみについては，5章「科研費の採択のためのヒント」の中でもあらためて詳しく述べていますのでごらんください。

第2段の合議審査

合議審査の委員会は，担当する研究種目ごとに，15～25ほどの専門分野

別の委員会が設けられています。これらの委員会には，通常，第1段審査員とは別の審査委員が配置されています。1つの委員会は概ね20名程度の審査委員で構成され，1日から2日をかけて審査が行われます。担当する課題数が多い審査会では，審査が夜まで続くこともあります。

　第1段の書面審査委員が審査した結果は，コンピュータ・システムで集計が行われ，第2段審査会の資料として提供されます。ここでは，4名または6名の書面審査委員が付した総合評点の平均点を計算し，その順位で並べることが基本となります。その際，書面審査委員ごとの若干の評点の偏りを修正するため，標準偏差を用いた補正が行われています。また，評定要素ごとの平均評点やコメントについても審査資料として提供されます。

　これらの複数の審査資料や研究計画調書などに基づき，審査会で討議・検討を行いながら，採択すべき研究課題を選考していくことになります。その際，例えば，書面審査委員の総合評点に大きな差が出ているようなケースがあると，それらの審査結果に何らかの誤解はないかといった点について，審査委員のコメントや研究計画調書にあたりながら検討を行うなど，きめ細かい審査によって優れた研究課題が採択されるように努めています。

　なお，平成26年度から基盤研究B・Cの一部として実施している「特設分野研究」においては，一般の研究課題と異なり，書面審査と合議審査を同じ審査員が行うようにしています。これについて詳しくは120ページの「特設分野研究」をごらんください。

利益相反への対応

　公正な審査を確保する一環として，応募者と審査委員の利益相反については，次のように対応しています。

　すなわち，審査委員が応募者と師弟関係にある，密接な共同研究を行う関係にある，同じ講座に属するなど所属組織が近いといった場合や，逆に，競争関係，対立的な関係にある場合は審査を行わないこととされています。書面審査の場合は該当する研究課題に関しては利益相反にあたる旨を記載した上で審査を行わず，合議審査の場合は，該当する研究課題の審査が行われる場合には退席して議論に加わらないようにするといった対応がとられています。

また，全審査が終了した後には，約36万件にも及ぶすべての書面審査の結果に関して，評点の付し方，審査意見の記入状況，利益相反への対応状況などに問題がなかったかの確認が日本学術振興会において行われています。こうした検討を経て，不適切と思われる審査を行っていた審査委員がいた場合には，翌年度以降の審査を依頼しないなど，きめ細かなチェックも行われています。

また，これとは逆に，平成21年度からは，審査上有意義な意見を付していた審査委員を選考し，表彰することも行われており，平成27年度までに延べ735名が表彰されています。対象となった審査委員の実際の審査評価書を見ると，1つひとつの応募研究課題に対してきめ細かくコメントを記入しており，時間をかけて審査に真剣に向き合っていただいた姿勢に頭が下がる思いがするものです。

(6) 審査システムを支える「日本学術振興会・学術システム研究センター」

学術システム研究センターの概要

科研費の審査の業務のほとんどは，独立行政法人日本学術振興会（JSPS）で行われています。

科研費に関するファンディング・エージェンシー（研究費配分機関）であり，アメリカのファンディング・エージェンシーであるNSFのカウンターパートになっています。日本学術振興会は，昭和7年に昭和天皇の御下賜金によって創設され，当時から日本の学術研究の振興のための事業を行ってきました。平成11年度になって，国（文部省）が行っていた科研費の審査等の業務を行うこととなり，その後，徐々に審査の対象が拡大し，現在では，科研費に係る業務の大部分が日本学術振興会で行われるようになっています。

こうした長い歴史があり，大学の研究者にとって欠かせない科研費の業務を行っていることもあり，多くの研究者から，親しみを込めて「学振（がくしん）」の略称で呼ばれています。

その学振の中にあって，公正で透明性の高い審査・評価システムを支える重要な役割を果たしているのが，「学術システム研究センター（RCSS）」です。

科研費の審査は専門性が高いため，専門の研究者によるピア・レビューでなければできないことは前述したとおりですが，科研費の審査・評価をはじめとするシステムを運営していくにあたっても，実際の研究に携わっている専門性を取り入れる必要があります。競争的資金の世界では，こうした仕事を行う専門家であるプログラム・オフィサー（略してPO。さらに，POのとりまとめを行う役職の者をプログラム・ディレクター（PD）といいます）を配置する例が多くなっています。

　科研費におけるPOやPDの組織が学術システム研究センターです。全ての学問分野をカバーする仕事を行うことになるので，約120名におよぶ第一線の研究者がその任にあたっています。

　米国のNSFやNIHにもPO・PDが置かれており，研究経験を有する専門家が，フルタイムの形で多数雇用されています。

　日本の場合は，POやPDが，常勤の職としてまだ根付いていないことや，行政改革による独立行政法人の人員削減の問題などもあり，学術システム研究センターのPOは，大学などに所属する研究者が非常勤の形で兼務しています。任期は3年間になっていますが，その間は，自らの属する大学などの研究機関と東京にある日本学術振興会のオフィスを毎週のように往復しながら，研究や教育とPOの仕事を両立して行っていることになります。

　また平成25年度には，日本学術振興会に「グローバル学術情報センター（CGSI）」が新たに設置されました。

　このセンターでは，科研費の応募，審査，採択，研究成果などのデータを分析したり，また，海外の研究助成にかかる制度やしくみを分析することによって，その結果を科研費の審査や制度の改善に活かしていくことが期待されています。平成26年度からは，科研費による論文成果の分析などについて，CGSIレポートとして発信しています。

審査委員の選考

　質の高い審査を行っていく上で，審査委員が鍵となることは言うまでもありません。このため，審査委員の選考を適切かつ公正に行うことが非常に重要になります。科研費の審査委員の多くは，日本学術振興会において選任し

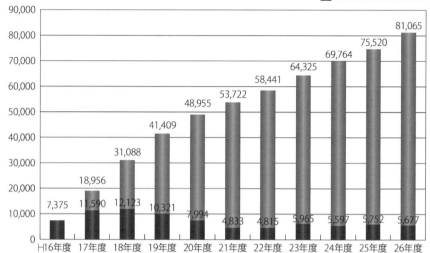

図14　審査委員候補者データベース登録者数
出典:「科学研究費助成事業 2015」パンフレット

ており,その実務に関わっているのが学術システム研究センターの PO の方々です。

　審査委員は 6,000 人の規模に及ぶので,その選考を適切に行えるよう,審査委員の候補者となる研究者のデータベースが整備されています。このデータベースの中には,これまでの科研費の採択者や学会などから推薦のあった者など,約 8 万名の研究者(図14)が含まれており,専門分野や論文などに関するデータが整理されています。

　なお,これらのデータについては,登録されている研究者本人によって,随時情報を更新してもらうようになっています。

　学術システム研究センターの PO は,データベースに登録されている研究者の専門分野,これまでの論文内容などに基づき,担当する分野の審査委員の候補者をピックアップしていきます。

　その際,審査委員として十分な審査能力を有することは言うまでもありませんが,このほかにも例えば,同じ細目を担当する審査委員の中に同一の研

究組織の者が含まれないようにすること，同じ細目の審査委員に同じ研究組織から連続して選考されないようにすること，若手の研究者や女性の研究者もできるだけ含まれるようにすること，国公私立など所属する機関のバランスがとれることなど，バランスのとれた審査委員の構成になるよう様々な点に配慮がなされています．

　ちなみに，平成26年度の審査委員のうちの女性比率は15.1％となっており，ほぼ大学の教授レベルの女性比率と同様になっています．

　審査員数は総勢約6,000名ですから，これを100名強のPOで候補者の選考を行うと，単純計算で1 POあたり60名の候補者を選ぶことになります．実際には，これより多めに候補者を選ぶことになるのですが，その過程で，それぞれの候補者の論文にも目を通したりしなければならないので，審査委員の選考は大変な労力を要する仕事なのです．

　学術システム研究センターのPOの任期は3年間ですが，任期を終えられた時には，皆さん，「たくさんの審査委員を，しかもいろいろなバランスを考慮しながら選考しなければいけないなど，とにかく大変な仕事だった」といった苦労話をされますが，と同時に，「自分たち研究者を支援してくれる科研費の制度をより良くするため，制度改善の現場に関わることができたので，これまでの研究者人生とは違った充実した3年間だった」との感想をもらされる方がほとんどです．

　科研費は，その制度の設計と運営，実際の審査など，いろいろな面において，研究者の互恵的な精神によって成り立っている制度なのです．

　学術システム研究センターのPOやPDが，審査・採択そのものに関与することはありませんが，審査会にはオブザーバーとして陪席し，審査会の進め方などで改善すべき点はないかといったことを確認することとしています．また，全審査が終了した後には，約36万件にも及ぶすべての書面審査の結果についても，問題がなかったかの確認を行っています．

第 1 部　科研費のすべて

（7）採択の結果を見ると

分野別の採択・配分状況

　採択件数を専門分野別に見ると，約 5 割を生命科学系が占め，3 割が理工系，2 割が人文社会系の課題となっています（図 15）。

　配分額では，人文社会系が約 1 割に減っていますが，これは，人文社会科学系の研究課題が比較的小規模（少額）のものが多いことによるものです。

　例えば，全研究種目を通した平均配分額を分野別に見ると，文学や看護学などが最も少額になっており，1 課題あたりの平均配分額は 1 年で 100 万円程度になりますが，生物科学，ゲノム科学，量子ビーム科学，天文学などの分野は額が大きく 400 万円を超えています。人文学・社会科学分野は，おおむね 100 万円台のケースが多く，自然科学系では，2～300 万円台のケースが多くなっています。なお，自然科学系でも，数学は 135 万円と少額になって

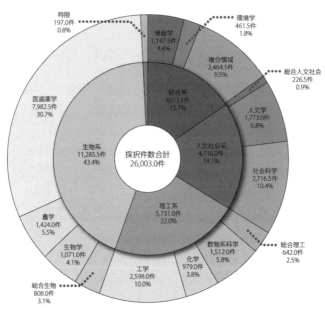

図 15　分野別採択件数（新規＋継続）（平成 26 年度）
出典：「科学研究費助成事業 2015」パンフレット

おり，分野による研究実態に応じて，研究費の額が異なることがわかります。[15]

分野別の配分額は応募状況に比例

科研費の配分については，応募があった分野別の件数と応募額に応じて，比例配分する考え方に立っているので，分野別の配分がこうした結果になっているのは，そもそもの応募がそのようなものであったということであり，制度側で意図的に配分を決定しているものではありません。

このような応募実態に応じた配分については，「成り行き任せ的で科研費の配分には戦略性がない。もっと戦略的に重要な分野に配分すべきではないか」との意見が出されることがあります。しかし，科研費の重要な役割の1つは，研究の多様性を確保し，将来にわたって幅広く新しい研究の芽を出し続けることであり，それがあってこそ日本の科学の絶え間ない発展や科学技術イノベーションの創出が可能になるのです。

比較的短期的な成果を求めて研究助成するタイプの競争的資金では，集中と選択の考え方に基づき，トップダウンで重点分野を定めて配分を行っていますが，その戦略にしても成功するとは限りません。また，とかく世界的な「はやりの研究分野」が重点分野にされがちになりますが，そうした分野には，黙っていても多くの研究者が参加していくものですし，また，世界的に見れば後追いになることも懸念されます。

科研費の配分においては，あえて分野の特定をしないというのが，持続的に研究の多様性や独創性・革新性を確保するための重要な戦略だと考えているのです。

分野別採択率に差はないのか

科研費の配分は応募の実態に応じた比例配分なので，どの分野も採択率がほぼ同じかというと，実はそうではありません。どうしてでしょうか。

科研費では，各分野への応募の額だけでなく，応募の件数についても勘案した上で，各分野への配分を決めています。具体的には，「各分野への応募

---

15) 文部科学省公表資料「平成26年度科研費の配分について」（資料3-2-2　分科別　配分状況）

の額が占める割合」と「各分野への応募の件数が占める割合」を平均し，その平均した割合によって研究費を配分しています。

このため，応募額の割合よりも応募件数の割合が多くを占める分野，すなわち，ほかの分野よりも応募平均額が小さい分野については，応募額の割合以上の割合で研究費が配分されることになります。

当然のことながら，その逆のことも起こります。例えば，基盤研究Cは500万円を上限としており，比較的研究費のかかる自然科学分野の応募では，上限いっぱいに応募する例が多いですが，人文学・社会科学分野の応募ではそうでもありません。このような場合，結果として人文学・社会科学分野には比較的多くの額が配分されることになるので，採択率は自ずと自然科学分野に比べて高くなります。これは，一見不公平に思われるかもしれませんが，適正な規模での応募を促す仕組みとして機能しているというメリットもあります。

平成26年度の基盤研究Cの新規採択で比較すると，全体平均の採択率は29.9％ですが，人文学では33.3％，総合生物では27.9％と上と，下で比べると5％近い差が生じています。[16] 一方，1課題あたりの初年度の平均配分額は，人文学が105万円，総合生物学は156万円と1.5倍近い開きがあります。[17]

なお，分野の審査会によって充足率をどうするかの判断もこうした差に影響を与えることになります。

国立大学と公私立大学で差があるか

競争的資金の世界では，国立大学の方が公私立大学より有利だ，といった意見が聞かれることがあります。

図16は，平成26年度の科研費の新規課題の配分状況をまとめたものです。採択件数では，国立大学が55％，私立大学が26％，公立大学7％となって

---

[16] 補助金の研究種目に関しては，単年度予算であるため，採択初年度の研究費の額によって計算されるのに対して，基金の研究種目については，全研究期間を通じた研究費の額で計算されます。全研究期間中の研究費の配分は一般に均等ではなく，初年度に偏る傾向にあるため，基金が導入されたことにより，分野による採択率の差は以前よりも小さくなっています。

[17]「平成26年度科研費の審査に係る総括」（JSPS科学研究費委員会），p.19

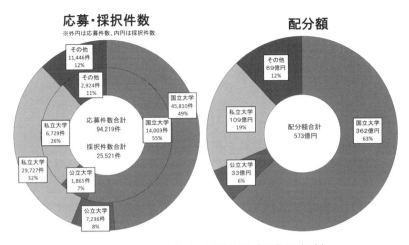

図16 国公私立大学別の採択状況(平成27年度)
出典:「平成27年度科研費の審査に関する総括」別紙4

おり,国立大学が多くを占めていますが,もともとの応募件数にも同様の大きな差があります。

次に採択率で比較すると,国立大学の方が30.6%と私立大学の22.6%よりも高いですが(「平成27年度科研費の審査に関する総括」),応募研究課題の内容や質の違いもあることから,これだけで国立・私立だから有利・不利といった問題があるとは言えません。

また,配分額で見ると,さらに国立大学の占める割合が大きくなっていますが,これについても,もともとの応募額の差や採択状況の差から生じた結果です。

国立大学と私立大学の採択状況を時系列で見てみると,徐々にではありますが,国立大学の比率が低下し,公私立大学の比率が上昇していることがわかります(図17)。

別の方法でも国公私立大学で有利・不利があるかを比較してみましょう。ここでは,平成26年度の科研費の応募件数で上位50の研究機関について,応募件数の順位と採択件数の順位を比較してみます(表5)。[18]

---

18) 平成26年度科研費(補助金分・基金分)の配分状況等についての公表資料中「研究者が所属する研究機関別 採択件数・配分額一覧(平成26年度)」に基づき,採択率から応募件数を推計して採択数との比較を行いました。

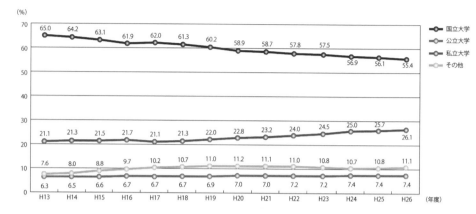

図17 研究者が所属する研究機関別の採択件数の全体に占める割合の推移
出典:「科学研究費助成事業 2015」パンフレット

表5 国立大学・公私立大学別の応募・採択順位の変動（応募件数50位以内）

	応募件数50位内の機関	応募数の順位より採択数の順位が上がった機関	応募数の順位より採択数の順位が下がった機関	順位に変動がなかった機関
国立大学	35	10	16	9
公私立大学	13	7	5	1
その他	2	1	1	0

　上位50の研究機関の内訳は，国立大学が35，公私立大学が13，その他（独立行政法人）の研究機関が2です。これらの上位機関は，いずれも研究活動が活発に行われている代表的な研究機関と見ることができます。したがって，仮に，国立大学に比べて公私立大学の方が，応募件数の順位よりも採択件数の順位が下がる傾向が見られれば，代表的な研究機関であっても，公私立大学が採択で不利になっているのではないかとみることができるかもしれません。

　結果としては，表5を見てわかるように，国立大学でも公私立大学でも個々の大学で見ると，順位がプラスに変動したりマイナスに変動したりしていますが，国立や公私立といった設置者別でまとめて比較してみると，少な

表6　国立大学・公私立大学別の応募・採択順位の変動（応募件数51～100位）

	応募件数51位から100位の機関	応募数の順位より採択数の順位が上がった機関	応募数の順位より採択数の順位が下がった機関	順位に変動がなかった機関
国立大学	19	8	10	1
公私立大学	27	12	15	0
その他	4	3	1	0

表7　大学の本務教員の分野別女性比率

	計	人文学	社会科学	理学	工学	農学	保健	自然科学系の小計
本務教員の計	177,263	23,067	23,763	15,065	24,975	6,743	61,319	108,102
男	138,168	16,118	19,481	13,720	23,558	5,991	44,075	87,344
女	39,095	6,949	4,282	1,345	1,417	752	17,244	20,758
女性比率	22.1%	30.1%	18.0%	8.9%	5.7%	11.2%	28.1%	19.2%

出典：「平成25年度学校教員統計調査」表180

くとも国立大学が有利であるということはない様子がうかがえます。
　ちなみに，さらに51～100位の機関で同じように分析しましたが，やはり大学の設置者による有利・不利はないとみてよいでしょう（表6）。

男女別の採択率もほとんど同じ

　日本では，女性の研究者は13万1,000人で，全体の14.6％を占めています（総務省「平成26年度科学技術研究調査」（平成25年度実績））。女性研究者の詳しい状況については，別の章で述べたいと思います。この調査では，大学の研究者の女性比率は25.4％となっていますが，この中には博士課程の学生などが含まれているので，実際の研究者よりも多くなっています。
　そこで，大学の教員だけで見ると，約17万7,000人（本務教員数）のうち，女性は約3万9,000人で22.1％を占めています（表7）。
　同じ時期の平成25年度の科研費の応募者の中では，18.1％が女性研究者であり，採択結果でも18.2％と男女差による採択率の格差はほとんどないと

表8　NSFの研究グラントにおける男女別の応募・採択状況

	計	女性	男性	性別不明
応募	38,882	8,676	26,397	3,809
採択	7,923	1,833	5,466	624
採択率	20%	21%	21%	16%

出典：NSF, "FY2014 Report on the NSF's Merit Review Process," Table 3.3

表9　NSFのグラント全体における男女別の採択状況

		2001	2006	2010	2014
計	応募	31,942	42,352	55,542	48,051
	採択	9,925	10,425	12,996	10,958
	採択率	31%	25%	23%	23%
女性	応募	5,839	8,510	11,903	11,142
	採択	1,894	2,233	2,982	2,669
	採択率	32%	26%	25%	24%
男性	応募	25,510	31,482	38,695	31,625
	採択	7,867	7,765	9,080	7,286
	採択率	31%	25%	23%	23%

出典：NSF, "FY2014 Report on the NSF's Merit Review Process," Table 2
　　　性別不明者がいるので計が合わない。

言ってよい状況であることがわかります。[19]

　さて，科研費への応募の多くが大学の研究者であることから，大学の女性研究者の比率22.1％と科研費の応募者の女性比率18.1％の約3％の差（平成25年度）について考えてみましょう。

　応募者中の女性比率の方が若干低い理由としては，女性研究者が人文学の分野に多く，必ずしも科研費を必要としない方も多いといったことが一因ではないかと考えられます。なお，自然科学系（理・工・農・保健の合計）の女性研究者比率は19.2％ですから，科研費の応募の状況に近くなっています。

　採択者に占める女性比率は研究者の女性比率の上昇とともに，少しずつで

---

19)「平成25年度科研費の審査に係る総括」（JSPS科学研究費委員会）

表10　科研費の男女別の採択状況

	応募件数	採択件数	採択率	配分額（億円）
男性	75,672	20,516	27.1%	496
女性	18,547	5,005	27.0%	76
合計	94,219	25,521	27.1%	573

出典：日本学術振興会「平成27年度科研費の審査に係る総括」

すが着実に上昇しています（平成21年度15.8％，平成24年度17.9％，平成27年度19.6％）。[20]

　ちなみに，米国で幅広い分野で研究助成を行っているファンディング・エージェンシーであるNSFの2014年の採択実績では，男女比で女性は応募者でみると24％，採択者では25％[21]ほどを占めていますが，米国における大学の科学技術系研究者（PhD取得者のみ）のうち女性研究者の比率は36.9％（2013）[22]なので，科研費における女性研究者の応募状況や採択状況は，米国の状況と比較しても，むしろ良い状況といえるのではないでしょうか。

　なお，NSFの場合，男女の採択率は，研究グラントの場合は同じですが（表8），研究グラント以外のものを含むNSFの競争的なグラント全体でみると，ほぼ毎年，女性の採択率が男性の採択率を1～2ポイント上回っているようです（表9）。

　平成26年度の科研費の新規採択1課題あたりの配分額を見てみると，男性が241万円，女性が148万円となっています（表10）。これについては，やはり，女性研究者が人文学分野に多いといった点や，自然科学系においてもまだ若い研究者が多いことが要因となり，比較的少額の研究課題が多くなっているためと考えられます。

若手の方が採択率が高い

　研究費の配分に関しては，とかく若手が不利になっている，との印象を持

---

20) 「各年度の科研費の審査に係る総括」（JSPS科学研究費委員会）
21) 性別不明者がいるため，ここでは，女性と男性の合計に占める女性の割合としました。
22) "Science and Engineering Indicators, 2016," Table 5-14 より。

たれがちですが，科研費の年齢層別の採択率によると，むしろ逆の傾向であることがわかります（表11）。

採択率は30歳以上になるとほぼ30％に達しており，35歳から40歳の採択率が最も高い水準にあります。これらは，39歳以下の研究者のみが応募できる若手研究の研究種目を設定している効果であると考えられます。

また，平成23年度に，最も応募が多い中心的な研究種目でありながら，採択率が低かった基盤研究C（平成22年度の採択率は23.8％）について，採択率を30％相当に引き上げるべく予算を拡充したこともあり，40歳台の採択率も一時ほぼ30％に向上しました。しかし，その後，応募者がさらに増えたことなどから，現在は26〜28％と若干低くなっています。そして，年齢の上昇とともに，やや採択率が低下する傾向にあります。

若手の採択率が比較的高いという結果については，研究を振興していく上でも好ましい状況であると考えられますが，その後の円熟期とも言える年齢層において採択率が低下することについては，研究振興政策全体の観点から，採択率が現状の程度でよいのかどうか，よく分析していく必要があると思われます。

以上は科研費全体での状況ですが，大型の研究種目については，若手よりも50歳台以上のベテラン研究者の方が採択されています。規模の大きい研究計画においては，それまでの研究業績に基づく高い研究能力が求められるので，ある意味当然のことといえましょう。

米国のNSFの実績によると，若手の採択率はベテラン研究者の採択率よりも5％程度低くなっています（詳しくは，後述のアメリカの状況を参照してください）。研究費の規模など，様々な点で状況が異なるので，単純に比較できませんが，研究を振興していく上で，若手研究者を育てることは非常に重要であり，この点からすると，日本の科研費制度の現状は好ましいのではないかと思われます。

年齢別の採択状況をさらに男女別に分けてみると，34歳以下の区分では男女で2％以上の採択率の差が見られます（表12）。

女性研究者については，出産・育児による研究の中断が生じてしまうケー

表11 科研費の年齢層の採択状況

区分	応募件数	採択件数	採択率	配分額（億円）
30歳未満	3,239	883	27.3%	12
30歳以上 35歳未満	11,095	3,299	29.7%	53
35歳以上 40歳未満	16,222	5,088	31.4%	93
40歳以上 45歳未満	16,466	4,576	27.8%	89
45歳以上 50歳未満	14,506	3,805	26.2%	88
50歳以上 55歳未満	13,268	3,349	25.2%	90
55歳以上 60歳未満	10,632	2,525	23.7%	79
60歳以上 65歳未満	6,770	1,484	21.9%	53
65歳以上 70歳未満	1,638	416	25.4%	12
70歳以上	383	96	25.1%	2
合計	94,219	25,521	27.1%	573

出典：日本学術振興会「平成27年度科研費の審査に係る総括」

表12 年齢層別に見る男女の採択率（平成27年度新規）

	男性	女性	男女差
29歳以下	29.1%	22.3%	−6.8%
30歳〜34歳	30.2%	28.2%	−2.0%
35歳〜39歳	31.8%	29.9%	−1.9%
40歳〜44歳	28.2%	26.4%	−1.7%
45歳〜49歳	26.1%	26.8%	0.8%
50歳〜54歳	24.7%	28.0%	3.3%
55歳〜59歳	23.8%	23.7%	−0.1%
60歳〜64歳	22.0%	21.5%	−0.5%
65歳〜69歳	25.2%	29.1%	3.9%
70歳以上	24.6%	32.0%	7.4%
合計	27.1%	27.0%	−0.1%

注）基盤研究（S・A・B・C）・若手研究（A・B）・挑戦的萌芽研究・研究活動スタート支援
出典：日本学術振興会科研費ウェブサイト「科研費データ　年齢別・男女別・職種別新規応募・採択件数一覧」（平成27年度）から作成。

スがありますが，このために，特に研究者としての初期段階で男性と比べて業績面で差が生じている結果が影響しているのかもしれません。なお，年齢層が上がるにつれ，女性研究者の採択率の方が男性を若干上回る年齢層もあるなど，男女差はなくなる傾向にあり，若年期のハンデを十分に埋めている女性研究者のたくましさがうかがわれます。

採択された課題の研究期間

　科研費では，研究種目によって1～5年間の研究期間が定められています。

　採択された研究課題の研究期間を見ると，科研費全体では，3年間のものが63％，2年間が23％，4年以上が13％となっており，平均の期間としては2.9年間となり（表13）。一方，3～5年間と定められている基盤研究の研究種目でも，研究の規模によって状況は異なっており，小規模の基盤研究C（総額500万円まで）では90％近くの課題が最短期間の3年間に集中していますが，規模の大きい基盤研究A（総額5,000万円まで）では，3年間が42％，4年間が36％，5年間が22％と分散しています。

　応募者は，研究種目ごとの研究費の総額の範囲内で，自らの研究に必要な年間の研究費を確保すべく研究期間を考えているという実情がうかがわれます。

　なお，現在の基盤研究Cは，研究期間が3～5年間に定められていますが，平成19年度までは2～4年間とされていました。平成27年度の基盤研究Cでは，3年間の研究課題が87.2％，4年が10.1％，5年が2.6％となっていますが，平成19年度のデータでは，2年間の研究課題が59％，3年が33％，4年が7％となっており，最短の期間である2年間の研究課題が多くを占めていました。

　このことから，現在の基盤研究Cの3年間の研究課題の中には，研究者の本音としては3年間で500万円では十分な研究ができない者がかなり含まれているという問題がうかがわれます。

　こうしたデータは，科研費制度のしくみのために，研究者が本来必要と考える研究期間とは別に，研究期間を短く設定させる方向で研究計画に影響を与えているという問題を生じさせていることを示していると思われます。年

表 13　研究期間別新規採択件数（平成 27 年度）

（上段は件数，下段は割合）

	1 年	2 年	3 年	4 年	5 年
基盤 S			0	6	81
			0%	6.9%	93.1%
基盤 A			250	215	132
			41.9%	36.0%	22.1%
基盤 B			1,858	694	173
			68.2%	25.5%	6.3%
基盤 C			9,634	1,119	290
			87.2%	10.1%	2.6%
挑戦萌芽	158	2,275	1,519		
	4.0%	57.6%	38.4%		
若手 A		30	208	151	
		7.7%	53.5%	38.8%	
若手 B		2,633	2,638	500	
		45.6%	45.7%	8.7%	
スタート支援	15	928			
	1.6%	98.4%			
計	173	5,866	16,107	2,685	676
	0.7%	23.0%	63.1%	10.5%	2.7%

出典：日本学術振興会科研費ウェブサイト「科研費データ　年齢別・男女別・職種別新規応募・採択件数一覧」（平成 27 年度）から作成。

間の研究費を確保するために，不本意ながら最短年数の応募を繰り返すということになれば，研究目的の立て方も短期的なものになってしまうおそれがあります。

研究期間を適切に設定できるようにするには

　このため，「一定の総額を年数で割る」のではなく，「一定の年平均額に年数をかける」といった方式に制度を改めていくことも一案と考えられます。
　すなわち，現在の基盤研究 C は最高額が 500 万円ですから，研究期間を 3 年にすれば，年平均の額は約 167 万円，5 年にすれば年平均額は 100 万円

というように，研究期間によって研究費の年平均額に大きな差が生じてしまいます。

これに対して，「一定額×年数」方式では，例えば，基盤研究 C の年間の平均研究費の上限が 150 万円に設定された場合には，3 年なら 150 万円 × 3 年 = 450 万円まで，5 年なら 150 × 5 年 = 750 万円までの研究計画で応募できるようになります。

このようにすることによって，自分の研究の構想に合った年数で応募できるようになると思われます。これ以上の額が必要な場合には，より高額な基盤研究 B（例えば，年間の平均研究費は 500 万までに設定）に応募するといった考え方は，現在の研究種目の選択の考え方と同じです。

一方，このような大きな制度改正を行う場合には，何年間かにわたって予算の増額が必要になるケースが生じます。そうした際に予算が増えなければ，採択率の低下などの悪影響が生じることになります。予算が右肩上がりでなくなってきた最近の状況の中では，こうした大きな制度改正を行うことが難しくなっているといえます。

科研費制度を安定的に運用しながら，こうした大きな制度改革を行うためには，後述するように科研費のすべての研究種目を基金方式にし，年度ごとの予算額と配分額の調整を基金内で行えるようにすることが必要だと思われます。

研究の継続性

年間の研究費を確保するために，科研費の研究計画をなるべく短くすると，じっくりと研究ができなくなるとともに，比較的短いサイクルで科研費の応募を繰り返さなくてはならなくなります。一方，採択率は 30% 以下ですから，次々と科研費を継続して獲得できる保証はまったくありません。研究において継続性は非常に大切であり，継続性の確保は研究者のみならず，研究費制度側にとっても重要なテーマです。

科研費では，研究期間が 4 年以上の研究課題については，研究の最終年度の 1 年前に次の応募ができるようになっています（最終年度前年度応募）。新たな応募が採択された場合は，基となる研究課題から乗り換える形になり，採択されなかった場合は，基となる研究課題がそのまま継続することになり

ます。これにより，仮に一度採択に失敗しても翌年度もう一度チャンスがあることになります。

また，基金化された基盤研究C，若手研究B，挑戦的萌芽研究などの研究費と一部基金化の基盤研究B，若手研究Aの基金分（平成24，25，26年度新規採択課題）の研究費については，最終年度までに使い切らなかった研究費があれば，これをさらに翌年度に使用することができるようになっています。米国のNSFのグラントでも同様のしくみがあり，ノーコスト・エクステンションと呼ばれています。研究費が追加になるわけではありませんが，手続きをすれば研究期間が1年間延長されることになります。

科研費でノーコスト・エクステンションをしても，延長した年度の新たな科研費の応募・採択について重複制限の制約がかかることはありません。これをうまく活用することにより，研究費が効率的に使用されるとともに，研究費の切れ目が生じることを少し防ぐことができるのではないかと思われます。

(8) 研究の評価と報告

科研費によって行われた研究は，どのように評価されているでしょうか。

科研費が対象とする研究については，その研究成果は，学術誌に論文として掲載されたり，学会で発表されたりします。また，研究はさらに発展して継続的に行われるものなので，そのために必要な研究費については，再び科研費などの競争的資金に応募することとなります。そして，新たな科研費の応募にあたっては，これまでの研究業績として，論文や学会発表の実績を記載することが求められ，審査では，こうした業績についても評価が行われることになります。

このように，科研費の研究は，論文の形で発表され，学会等における評価を経た後，次の科研費の応募にあたってチェックされるという「評価のサイクル」が自然と出来上がっているといえるでしょう。

このため，科研費制度として特別に研究課題の評価を行うのは，大型の研究種目（特別推進研究，基盤研究S，新学術領域研究）に限られています。

これらの評価は，審査と同様，ピア・レビューで行われ，書面評価，ヒアリング，現地調査などにより，研究の進捗状況や成果がチェックされます。もともと，厳しい審査を経て採択された課題ですから，進捗や成果が「悪い」と評価されるケースはまれですが，悪い評価となった場合には，研究計画の見直しや研究費の削減，研究の中止に至ることもあります。

　また，科研費では毎年度，研究の状況や経費の支出，論文の発表状況などについて研究実績報告を行うこととなっています。さらに，大型以外の研究種目を含むすべての研究課題において，毎年度の研究実績報告の中で，研究の進捗状況等について自己評価を行うこととされています。これらの評価についてはKAKENデータベースによりウェブで公開されています。このような公開性によっても，研究者の世界における評価の機会が保たれているのです。

　また，研究の世界では，何らかの研究費の助成を受けた研究の論文を執筆した際には，助成を受けたことを論文の謝辞（Acknowledgment）の中で示すことが慣習となっています。例えば，「This work was supported by XXXXX.」といったものです。科研費の場合は，XXXXXにあたる部分に，英文の論文では「KAKENHI Grant Number 12345678」，日本文の場合は，「科研費 12345678」というように，課題ごとの8桁の番号を含めた表記の様式が定められています。

　以前は，表記の様式までは決められていませんでしたが，最近では論文のデータベース[23]を用いて様々な分析を行うことが多くなっており，その際に謝辞の表記の様式が定まっていないと，科研費による論文の抽出を行おうとしても漏れが生じてしまい，正確な分析ができなくなってしまいます。こうしたこともあって，表記の様式まで定められました。

　科研費による助成を受けた研究者は，決められた表記方法に基づいて必ず謝辞を記すようにすることが大切です。

---

[23] 例えば，トムソン・ロイター社のWeb of Scienceやエルゼビア社のScopusなど。

3章
米国の研究費制度と比べるとどうなのか

NSFのデータから

　科学研究の世界では，欧米との比較がよくなされます。ここでは，米国NSFが公表しているデータに基づき，米国との比較をしてみましょう。

　NSF（National Science Foundation）は米国の代表的なファンディング・エージェンシーの1つであり，日本では日本学術振興会（JSPS）がカウンターパートとなっています。NSFでは，研究助成事業に関して毎年報告書をまとめており，これによって，米国の研究助成の一端を垣間見ることができます。NSFのメリット・レビュー・プロセスに関する報告（2014年度版）[24]の概要をまとめてみました。

　なお，NSFでは，米国全体の研究費にかかる統計もまとめており，Webサイトにおいて大量の統計資料が公開されています。NSFでは統計の担当部局にも多くの職員が配置されており，こうした点においても，米国のすごさは抜きん出ていると思います。

（1）応募数，採択率

採択率は科研費より低め

　2005年以降，研究グラントについては，毎年3～4万件ほどの応募提案があり，このうちおよそ6,000～1万件に助成が行われ，採択率は19%から28%の間で推移しています（表14）。

---

[24] "FY2014 Report on the NSF's Merit Review Process"

表 14　NSF の研究グラントの応募・採択の状況

	2001	2005	2006	2007	2008	2009	2010	2011	2012	2013	2014
応　募	23,096	31,574	31,514	33,705	33,643	35,609	42,225	41,840	38,490	39,249	38,882
採　択	6,218	6,258	6,708	7,415	6,999	10,011	8,639	7,759	8,061	7,652	7,923
うち ARRA						3,665	26				
採択率	27%	20%	21%	22%	21%	28%	20%	19%	21%	19%	20%

出典："FY2014 Report on the NSF's Merit Review Process," Table 7.

　米国には，NSF のほかに，NIH などの大規模なファンディング・エージェンシーがあり，特に，全体の半数程度を占めると考えられる生命科学系の研究者の大部分は NIH に応募していると考えられますが，それでも国の規模や研究者数の違いなどを考えると，NSF への応募提案数 3 〜 4 万件というのは，科研費と比較した場合少ない感じがします。これは，科研費では比較的少額の研究費を多数配分しているといった日本の研究助成制度との基本的な違いによるものと思われます。

　2009 年には，「米国再生・再投資法（ARRA[25]）」が成立し，「科学及び医療の技術進歩を刺激することにより，経済の効率性を高めるために必要な資金を提供する」目的で，NSF に 30 億ドル（約 2,700 億円，1 ドル＝ 90 円で換算）が追加で予算措置されました。これによる採択があったため，2009年の採択率は一気に 28％に向上しましたが，翌年は ARRA による採択がほとんどなくなった上，応募提案の件数が大幅に増えて 4 万件を超えたこともあり，採択率が 20％に大きく低下しています。

　ちなみに科研費の場合，平成 23 年度に大幅な予算の増が実現し，基盤研究 C など 3 種目の採択率が 30％に向上したことから，全体の採択率も 28％と前年度の 22％に比べて大きく跳ね上がりましたが，ARRA のような一時的な追加予算によるものではありませんから，今後，科研費全体の予算額の大幅な削減が起きない限り，採択率が急激に低下することはないと思われます。

　2014 年の NSF の研究グラントの採択率は 20％ですが，分野（部局）別に

---

25) American Recovery and Reinvestment Act of 2009

は若干の違いがあります。高い方ではバイオ系が25％，地球科学系24％，数学・物理系が24％，低い方では工学系が16％となっています。[26]

採択されるまでの申請回数

採択率が20％程度と低い状況ですが，採択された者について見ると，採択されるまでの平均の申請回数は2.4回となっています。この回数はわずかではありますが，年々増える傾向にあるようです。[27]

また，2012～2014年の3年間に研究費に応募した者のうち，採択されたものは36％となっています。[28] 科研費でいうところの「新規採択＋継続課題」のいずれかに該当する研究者の割合と同じような考え方になるでしょう。平成26年度の科研費の実績では，約51％となっているので，配分額の差は除いて採択率だけで見ると，米国NSFの方が厳しい状況がうかがわれます。

若手よりベテランが有利

NSFのグラントを受けた研究者を若手（最終学位取得後7年以内の者）と若手以外の者（以下「ベテラン」とします）に分けると，若手が約21％，ベテランが約79％で，その比率はほぼ一定しているものの，ここ10年の中では若手の比率が最も低い水準にあるようです（図18）。[29]

また，採択率については若手とベテランで若干の差があり，例年，ベテランの方が若手よりも5％程度採択率が高くなっています。この点は科研費と逆であるといえます。

---

26) 2014レポートのAppendix 3, Table 3.3。
27) 2014レポートのF7. Investigator Submission and Funding Rate, Figure 13。
28) 2014レポートのF7. Figure 14。
29) 2014レポートのF16. Relative Portion of PIs in Early and Later Career PIs。

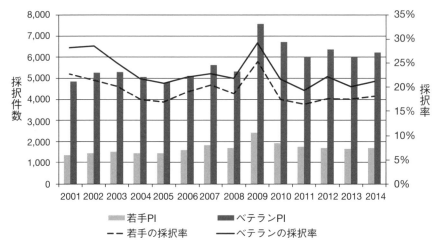

図18 NSFのグラントの若手とベテランの採択状況
出典："FY2014 Report on the NSF's Merit Review Process," Figure 15

（2）大学別の配分状況

配分の偏りが少ない

　NSFの助成金は，その約8割（51億ドル）が大学などの学術機関に，その他の非営利の研究機関に約1割，その他企業や国の研究所などに残りの1割が配分されています。[30]

　ちなみに科研費の場合，約9割が大学などの学術機関に，その他，独立行政法人研究機関や民間研究機関，企業などに残りの1割が配分されています。

　大学等の学術機関への配分について，配分額の順位順に見ていくと，表15のとおりです（2011年度）。

　NSFにおいては，配分額上位10位までの大学に13.8％，50位までの大学に48.6％，100位までに72.0％となっています。NIHなども含めた政府系の

---

[30] 比率については2014レポートのTable 5. Distribution of Funds by Type of Organization（研究費以外を含むNSFの全グラントの統計）による。額についてはTable 14による。

表15 米国の大学の政府系研究費のランキング　　　　　　　　　　（千ドル）

順位	大学名	合計額	シェア	うちNIH	うちNSF
	合計	40,764,823	100.0%	22,988,091	5,133,663
1	ジョンズ・ホプキンス大学	1,884,025	4.6%	686,156	34,364
2	ワシントン大学シアトル校	948,976	2.3%	620,541	145,677
3	ミシガン大学アナーバー校	820,125	2.0%	593,823	73,301
4	ペンシルベニア大学	707,051	1.7%	597,158	35,927
5	ピッツバーグ大学	662,471	1.6%	575,847	27,275
6	スタンフォード大学	656,114	1.6%	445,027	79,479
7	コロンビア大学（NY）	645,233	1.6%	456,881	90,984
8	カリフォルニア大学サンディエゴ校	636,879	1.6%	431,405	90,066
9	ウィスコンシン大学マディソン校	593,633	1.5%	319,578	94,160
10	デューク大学	585,262	1.4%	487,710	35,879
	10位までの小計	8,139,769		5,214,126	707,112
		20.0%		22.7%	13.8%
20	ワシントン大学セントルイス校	469,490	1.2%	429,608	16,763
30	ケイス・ウェスタン・リザーブ大学	353,470	0.9%	318,778	15,155
40	コロラド大学デンバー校・アンシュルツ医科大	307,395	0.8%	233,749	4,230
50	テキサス大学	264,234	0.6%	191,818	24,548
	50位までの小計	23,536,935		14,998,818	2,496,159
		57.7%		65.2%	48.6%
100	インディアナ州立大学	117,522	0.3%	23,635	32,106
	100位までの小計	32,092,625		19,924,494	3,698,270
		78.7%		86.7%	72.0%

出典："Higher Education Research and Development, FY 2011," Table 18

研究助成全体[31]で見ると，配分額上位10位までの大学に20.0%，50位までの大学に57.7%，100位までに78.7%となっており，NSFだけの場合と比べるとややトップの大学に集中していますが，それでも，50位や100位とい

---

31) 国防省（DOD），エネルギー省（DOE），航空宇宙局（NASA），農務省（USDA），その他を含む。

った上位の機関（大学）にまで，比較的まんべんなく配分されている様子がわかります。

　アメリカの大学では，研究力のあるリサーチ・ユニバーシティの層が厚く，大学の規模の偏りも少ないことが要因の1つと思われます。

　これに対して，科研費（日本）の場合，平成25年度においては，配分額上位10位までの大学等[32]に対して，43.2％，50位までの大学に66.3％，100位までに76.1％となっており（表16），米国と比べると，特に上位10位までの大学への集中が見られます。それでも，平成22年度には，10位までに46.3％，50位までに69.17％，100位までに79.1％となっていたので，上位機関への集中度は若干低くなっています。これも，平成23年度に比較的少額の研究種目である基盤研究Cなどの採択率を引き上げたことにより，上位以外の大学・研究機関に所属する研究者への配分が増えたためと考えられます。

　なお，科研費以外の競争的資金全体の配分状況については，筆者の知る限り，まとまった情報がないために分析することができません。

　日本の場合，特に上位10大学への集中が大きいのは，東京大学，京都大学といったいわゆる旧帝大をはじめとする研究力のある大学が同時に大規模な大学であることによることが大きな要因となっています。一方で，上位の10大学に続くリサーチ・ユニバーシティの層が薄いと見ることもできるでしょう。

日米英のリサーチ・ユニバーシティの層の厚さの違い

　図19は日，米，英の大学への研究費の配分状況を額の多い順に50位まで並べて比較したものです。英国についても，米国ほどではないものの，30位くらいまでの大学への配分の偏りが日本に比べて少ないことがわかります。ある程度以上の研究費を獲得できるリサーチ・ユニバーシティの層が薄くなると，研究人材の流動化や研究の多様性の確保などの観点からも支障になる

---

[32] 大学および大学共同利用機関のみで，独立行政法人その他の研究機関は除いた上位機関としています。なお，科研費の採択件数・配分額の合計額の中には，独立行政法人等の機関も含んでいます。

表16 日本の大学の科研費の獲得ランキング(平成25年度)

順位	大学名	採択件数	配分額(億円)	シェア
	科研費合計	71,043	2,175	100.0%
1	東京大学	3,659	232	10.7%
2	京都大学	2,907	145	6.7%
3	大阪大学	2,642	119	5.5%
4	東北大学	2,572	105	4.8%
5	名古屋大学	1,675	76	3.5%
6	九州大学	1,905	76	3.5%
7	北海道大学	1,770	64	3.0%
8	東京工業大学	848	47	2.2%
9	筑波大学	1,219	40	1.8%
10	慶応義塾大学	978	35	1.6%
	10位までの小計	20,175　28.4%	939　43.2%	
20	長崎大学	609	14	0.7%
30	大阪府立大学	399	10	0.5%
40	山形大学	394	8	0.4%
50	京都府立大学	292	7	0.3%
	50位までの小計	39,119　55.1%	1,443　66.3%	
100	東京海洋大学	119	3	0.1%
	100位までの小計	47,929　67.5%	1,655　76.1%	

出典:文部科学省・平成25年度科研費(補助金分・基金分)の配分について(第2回)より作成。

と考えられます。

　日本の場合,トップレベルの大学間の世界的な競争の中で,ピークの大学のさらなる引き上げも必要ですが,同時に,これに続く層を含む30～50位くらいのリサーチ・ユニバーシティ層全体の底上げが不可欠であると考えます。

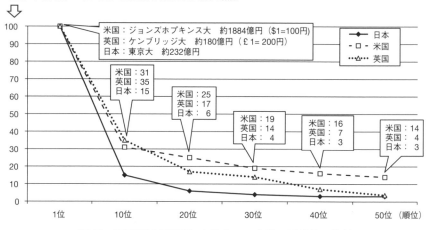

図19 研究費の獲得額50位までの大学の日米英の比較

出典：米国　NSF "Higher Education R&D Survey FY2011," Table 18: Federally financed higher education R&D expendituress
　　　英国　HE Finance Plus 2006/7 より 英国研究会議の機関別配分額　JSPS London 資料
　　　日本　平成25年度科学研究費補助金の機関別配分額（直接経費＋間接経費の総額）

（3）助成金の平均規模

1件あたりの助成規模が大きい

　NSFの研究助成（研究グラント）は，科研費に比べて1課題の規模が大きくなっています。2014年の結果では，年間の助成額の平均額が17万1,530ドル（感覚的には1ドル＝100円として，日本での1,700万円くらいのイメージでしょうか）となっています。中央値で見ると13万3,318ドルと若干低くなりますが，平均的に，年間1,300万円を超えるまとまった額の助成が行われています。[33] 平成25年度の科研費の配分平均額は年間234万円（中央値としては100万円台）なので，少なくとも5倍以上の違いがあることになります。

---

33) 2014レポートの F2. Research Grant Size and Duration。

日米の研究費の比較をする際に，「米国の研究費には研究者本人の給与も含まれているが，日本の場合には研究者の給与は別途大学の予算で措置されているのだから，単純な比較にはならない」という指摘がなされることがあります。仮に，米国で1,500万円の研究費を獲得していても，自身のサラリーとして1,200万円が含まれているとすれば，残りの実質的な研究費は300万円であり，科研費と大きな差はないということになります。

実際はどうなのでしょうか。NSFのレポートの中では，NSFのグラントでまかなわれている研究者自身（PI[34]）の給与については，平均して概ね0.8か月分となっていますから，[35] 助成を受けた研究費の多くが研究者自身の給与として使われるといったことではありません。NSFの研究費を獲得したからといって，もともと大学等に所属している研究者の給与の大半が，NSFからの研究費でまかなわれているというのは誤解なのです。したがって，1か月分程度の自身の給与分を除いても，少なくとも年間で1,000万円以上が日本の科研費と同じような研究費として使用できると思われます。

なお，研究者自身の給与のNSFグラントによる負担については，10年前は2か月分弱でしたから，少しずつ減少し続けているようです。[36]

グラントで支援されるポスドクや大学院生

NSFの研究グラントから支援を受けている研究員（Senior Personnel），ポスドク，大学院生は6万人を超えます（表17）。[37] 1人あたりどれだけの支援を受けているかについてはグラントによって差がありますが，大学院生で年額約2万9,000ドル，ポスドクで約3万4,000ドルが平均のようです。[38]

日本の科研費においても，ポスドクやリサーチアシスタントの人件費としてかなりの額が支出されているのは同じですが，1人あたり3万ドル近い額

---

34) Principal Investigatorの略。
35) 2014レポートのF6. Average Number of Months of Salary Support for PI Research Grant。
36) 2014レポートのF6. Figure 12。
37) 研究グラント以外のフェローシップ制度もあるが，大多数が研究グラントを通じて支援を受けている。2014レポート，23ページの脚注25を。
38) 2014レポートのAppendix 9. Table 9.2, 9.3 Mean Annualized Graduate Student & Post-Doctoral Researcher Support on Research Grant。

表17 NSFのグラントで支援を受けているポスドクなど

	2005	2006	2007	2008	2009	2010	2011	2012	2013	2014
研究員	22,255	23,186	26,176	26,494	33,536	33,650	35,523	39,862	32,829	31,650
ポスドク	4,068	4,023	4,034	3,909	5,580	4,653	4,751	4,596	4,447	4,286
大学院生	20,442	20,949	22,777	22,936	33,371	24,554	24,855	25,550	25,161	26,317

出典："FY2014 Report on the NSF's Merit Review Process," Table 10

を負担できる研究種目は限られていますし，また大学院生に対するリサーチアシスタントの謝金の額にしても，米国におけるサポート額には大きく及ばない状況にあります。

日本では，博士課程の大学院生に関しては，日本学術振興会の特別研究員制度が経済的支援の中核をなしています。

特別研究員（DC）の年間支援額は240万円ですから，NSFのグラントによる支援額と遜色ないといえますが，支援人数は年間で約4,500人となっており，NSFのグラントによる支援人数（約2万6,000人）に比べて大幅に少ない状況です。米国の場合，NSFのほかにもNIHなどの巨額の研究助成制度がありますから，こうしたグラントを含めて実質的な生活費相当額の支援を受けている博士課程の大学院生は全体の約60％に相当します。[39] 日本学術振興会の特別研究員（DC）は全博士課程学生の約6％にすぎませんから，米国と比べると，10分の1程度の規模ということになります。

なお，2009年のARRAによる予算増により，支援を受けているポスドクや大学院生の人数が一時的に急増したようですが，通常の予算に戻ることにより翌年度以降また減少しています。一時的なプロジェクト事業が終了することによって，若手研究者への支援が途絶えてしまうという問題は，最近，日本において指摘されることが多くなっていますが，米国でも同様の問題が生じている様子がうかがわれます。特に，大学のような組織における研究を振興していくための施策については，継続性をもった中・長期的な視点で考えていくことがたいへん重要です。

---

[39] "Science and Engineering Indicators 2014," Chapter 2, Table 2-10.

研究期間や重複採択は？

NSF のグラントの平均助成期間は 3.0 年[40]となっており，科研費とほぼ同じです。

研究代表者として何件の NSF のグラントを持っているかについては，1件だけの者が 81％，2件が 14％，3件が 3％，4件以上が 2％[41]となっています。重複の受給も可能となっていますが，重複している研究者は少数のようです。なお，NIH など，他のファンディング・エージェンシーのグラントとの重複受給については，このレポートでは不明です。

（4）審査のしくみ

NSF も通年受け付けというわけではない

NSF では，応募から採否の決定通知までの審査期間を 6 か月以内とすることが目標（少なくとも 70％の助成について）として設定されています。タイムリーな助成が研究にとって重要だからです。実際には，72％の応募が 6 か月以内に採否の通知が行われました。[42]科研費とは公募や審査のしくみが異なりますが，科研費では，11 月に応募され 4 月 1 日の内定が基本なので，ほとんどの場合，5 か月以内に採否が通知されています。

NSF の場合は，科研費と異なり，年 1 回の決まった時期での応募ではなく，随時応募制であるといわれていますが，いつでも応募できるというわけではありません。NSF のグラントは，分野やテーマによって個別のプログラムとして応募・審査するしくみになっているので，そのスケジュールが年間にわたって散らばっている形です。年中，何かしらの分野・テーマのプログラムの公募が行われていますが，ある分野やテーマのものについて年中公募を受け付けているというわけではありません。

実際には，多くのプログラムでは年 1 回の受け付けになっており，いくつ

---

40) 2014 レポートの Table 8. Mean Award Duration for Research Grants。
41) 2014 レポートの Table 9. Number of Grants per PI。
42) 2014 レポートの Table 6. Proposal Dwell Time: Percentage of Proposals Processed within 6 months（研究費以外の全グラント）。

かのものが年2回の受け付け，また，試行的に通年受け付けのものがわずかにあるといったところです。

ピア・レビューの方法

NSFにおいても，研究費の審査は基本的に外部の研究者によるピア・レビュー審査になりますが，その具体的な方法は，メールによるやりとりだけの審査，パネル（審査員が集まる審査会）だけの審査，メールとパネルによる審査に大別されます。

なお，ごく一部のプログラムではありますが，緊急性の高いものなどについては，外部の審査員に審査を依頼することなく，NSFの内部のみの判断で採否を判断するものもあります。[43]

外部の審査にかけるものについては，パネルだけの審査が最も多く全体の3分の2を占め，メールとパネルによる審査が27％，メールだけの審査は7％となっています（表18）。以前に比べて，パネルだけの審査が増え，メールだけの審査は大幅に減っています。[44] メールとパネルによる審査においては，同じ審査委員がメールとパネルのどちらにも関わる場合と，どちらかだけに関わる場合があります。

表18 NSFの審査方式とレビュー数

	計	メール＋パネル	メールのみ	パネルのみ
申請数	46,269	12,452	3,001	30,816
	100％	26.9％	6.5％	66.6％
レビュー数*	181,460	59,090	12,285	110,085
平均レビュー数	3.9	4.7	4.1	3.6

出典：″FY2014 Report on the NSF's Merit Review Process,″ Table 13
*表中のレビュー数は，書面で提出された評価レビューの数を示す。

---

43) Small Grants for Exploratory Research (SGER), EArly-concept Grants for Exploratory Research (EAGER), Grant for Rapid Response Research (RAPID) の各プログラムで，年間500件程度が内部審査のみで採択されています。2014レポートのF9. Mechanisms to Encourage Transformative Research。
44) 2014レポートのFigure 23. Trend, NSF Review Method。

インターネットを介した審査会への参加システムの導入

　レポートでは，メールによるレビューの利点として，応募課題によりマッチした審査員を配置することができる点をあげており，メールと審査会（パネル）の審査を合わせて行うことによって，課題ごとの深い検討と複数の課題を並べての比較検討を適切に行うことができるとしています。

　また，審査会（パネル）による審査については，審査会議への出席のために数日間の日程が拘束されることや，担当する件数が多くなることによる負担が大きいことなどの問題点も示されています。このため，最近では，インターネットや電話を通じてパネルに参加する手法（バーチャル・パネル）[45]を導入し，NSFのあるワシントンまで出向くことなく会議に参加できるようにしています。これにより，数日間の日程を割くことができないような多忙な研究者や子育て中の女性研究者などの審査員としての参加が可能になったとしています。

　バーチャル・パネルのうち，バーチャルだけの審査会は，比較的応募件数が少ない小規模の審査会で行われています。応募件数や審査委員の参加人数が多くなる場合には，ワシントンに集まっての会議を開きながらバーチャルでも参加できるタイプ（Mixed Panel）として行われています（表19）。

表19　審査会（パネル）の開催方式別の状況 [45]

	Virtual	Mixed	In-Person	計
審査会数	520 28.6%	639 35.1%	662 36.4%	1,821 100.0%
申請数*	7,827 15.5%	20,769 41.1%	21,997 43.5%	50,593 100.0%
申請数/審査会	15.1	32.5	33.2	27.8
審査委員数	2,957	6,460	6,109	15,526
審査委員数/審査会	5.7	10.1	9.2	8.5
申請数/審査委員	2.6	3.2	3.6	3.3

出典："FY2014 Report on the NSF's Merit Review Process," Table 14
*研究グラント以外を含む全グラントの統計。複数のパネルで審査した課題やパネリストの数は延べ数でカウント。

---

[45] NSF's Interactive Panel System (IPS).

毎年3万人以上の研究者が審査員として協力

　NSFでは審査員の候補者として，数十万人が登録されたデータベースを有しています。このうち，年間で約3万5,000人が何らかの形で審査に参加しており，うち，約1万4,000人がパネル審査に参加，メール・レビューだけに参加が約2万2,000人，メールとパネルのいずれにも参加しているのは3,000人ほどとなっています。年間で3～4万件の応募に対して3万5,000人規模の審査員が審査を行っているので，審査員1人あたりの審査件数は科研費に比べて少ないことがうかがわれます。

　なお，約6,600人が審査員として初めての参加，また，審査員のうち約4,300人は海外からの参加となっています。このピア・レビューは科研費とは異なり，あらかじめ審査委員になることを承諾した後に審査課題が送付されるのではなく，個別の課題についていわば突然審査を依頼する形になっています。したがって，必ずしも全員から審査の回答があるわけではありません。メールによる審査依頼は約7万件が行われ，回答があったのは約4万7,000件（67％）でした。[46]

　ちなみに，パネル審査への参加には諸経費が支払われますが，メールでの審査には何も支払われないようです。ただし，科研費と違って，1人のメール審査員が100件近い審査をまとめて行うということはありません。1つの応募課題に対して，単純平均するとして，4～5件の書面によるレビューが提出されています。また，設備の状況などを確認するため，NSFのスタッフが現地調査を行うこともあるようです。

　パネルにおける審査では，それまでのレビューに加えて，さらに突っ込んだ議論が行われます。科研費の場合は，合議の審査会において採否が決定されますが，NSFの場合は，レビューやパネルにおける議論に基づきながらも，採否の決定を行うのはNSFのプログラム・オフィサー側であるという点が，日本の科研費との大きな違いといえるでしょう。

　なお，バーチャルではなく実際に開催する審査会だけで年間約1,300も開催されています。科研費とは審査の方法が異なりますが，これだけの審査会

---

[46] 2014レポートのG. Data of Reviewers。

が開催できるのは，プログラム・オフィサーだけで約500名,[47] その他多数のスタッフを抱えているからであり，審査のための体制やそれに要している経費は，科研費とは大きな差があるようです。

（5）審査後の応募者に対する対応

評価情報の提供

採択・不採択にかかわらず，応募者には，採択・不採択の通知とともに，審査委員の意見，パネル審査のサマリーなどのコピーが提供されます。また，プログラム・オフィサーには，これら以外の情報提供も期待されています。このような丁寧な対応ができる背景にも，常勤のプログラム・オフィサーが約500人配置されているという手厚い審査事務の体制があります。

不服の申し立てのしくみ

不採択になった応募者には，不服（再検討）を申し立てる機会が与えられています。また，不服申し立てに対するNSFの対応についても不服がある場合には，研究機関が再度不服を申し立てることもできるようになっています。[48]

実際には，不服の申し立て件数はそれほど多くはなく，年間で30から50件程度となっています。不採択になる件数は概ね4万件弱ですから，不服の申し立てはおよそ0.1％ということになります。また，機関からの再申し立ては，平均すると年間3件程度になっています。

なお，いずれの場合も，申し立てによって決定が覆されることはあまりなく，ここ10年では年間0から4件となっています。[49]

---

47) 2014 レポートの Table 17。
　なお，496人のプログラム・オフィサーのうち，NSFのパーマネントの職員は54％で，残りは大学の研究者などが任期付きでNSFに出向する形で勤めています。
48) 2014 レポートの D. Review Information for Proposers and Reconsideration Process （p. 35）。
49) 2014 レポートの Appendix 15. Request for Formal Reconsideration of Declined Proposals。

（6）審査の改善のためのいくつかの取り組み

①プレ審査

応募数が多くなると審査員の負担が増えますし，予算が限られているため採択率が低くなり，応募者側からすれば，「応募＝時間のムダ」が多くなるという問題が生じます。こうしたことを背景として，バイオ系の2つの研究グラントのプログラム[50]において，正規の申請書（Full Proposal）の提出の前に簡易な事前申請（Preliminary Proposal）による審査を導入しています。

事前申請は1月頃に行われ，4～5ページほどの簡易な申請書の提出が求められます。事前申請書は審査会で検討され，15～30％の課題のみに正式申請が認められます。正式申請は9月頃に行われ，その後，審査会及び書面のレビューに付されて慎重な審査が行われます。

これら2つの研究グラント以外にもいくつかのプログラムで事前申請制度が導入されていますが，2014年には4,911件の事前申請が行われており，このうち3,678件は事前審査の段階で振り落とされています。[51]

②大きなインパクトが期待できそうな研究に対する次回応募の締め切りの特例

NSFでOne-Plusと呼ばれるパイロット的な措置が，2012年から1つのプログラム[52]のみで試行されています。

このプログラムでは，それまで年2回の公募を行っていましたが，これを年1回に減らしました。その代わり，採択しなかった申請のうち，仮に採択されていれば研究の意義が大きく，リスクはあるものの成功すれば長期的に見てインパクトの大きい研究[53]になるであろうと評価された研究課題につい

---

50) Division of Environmental Biology (DEB), Division of Integrated Organismal Systems (IOS) の2つのセクションのコアプログラム。
51) 2014レポートのAppendix 2. Preliminary Proposals。
52) Geography and Spatial Science program (GSS)。
53) potentially transformative research.

ては，プログラム・オフィサーが該当する研究代表者に対して修正点を伝えた上でおよそ2か月後に計画を再提出するように求め，翌年の応募のスケジュールとは別に審査するというしくみを導入しました。

NSFでは，transformative，すなわち，科学の世界に変化をもたらすような，成功すればインパクトの大きい研究の観点を重視しており，こうした可能性のあるものについて，翌年の応募時期まで再チャレンジの機会を与えないのはもったいないと考えているということでしょう。

③締め切り日をなくし通年応募へ

NSFにおいても大多数のプログラムにおいては，年1回の応募といったスケジュールが定められています。これに対して，文字どおり，応募の締め切り日をなくして年間通じていつでも申請できるようにするという試みです。

これは，締め切りがあることが，かえって応募を煽ってしまっているのではないかという推測に基づくものです。通年で応募できるプログラムについて応募件数の推移を分析したところ，締め切りを設けている一般的なプログラムに比べ，応募件数が大きく増えている状況が見られなかったからです。

このため，あるプログラムにおいて，それまで年2回の応募締め切り日を設けていたものをやめ，通年でいつでも応募できるようにしたところ，逆に，年間の応募件数が減る[54]という現象が生じたとのことです。ただし，これは一般的な研究費のプログラムではなく，設備の整備に関するプログラム[55]など，一部の限られたプログラムにおいてのみ行われているものです。

---

54) 2014レポートのTable 16。
55) Earth Science Instrument and Facilities program (EAR / IF)。

4章
科研費の使い勝手をよくする

（1）使いやすくするための様々な改善

　また日本の科研費の話に戻りましょう。科研費は公的なお金によって運営されている制度ですから，適正に使わなければならないことは言うまでもありません。このため，様々な規則が定められています。一方，科研費の目的は研究を推進させることであって，その規則によって研究活動に支障が出るようなことになっては，政策の効果が十分に発揮されなくなってしまいます。

　科研費は長い歴史のある制度で，かつては国の制度として何かとお堅い面もあったようですが，研究者サイドの意見を聞きながら，使いやすくするための様々な改善が毎年のように積み重ねられてきました。その際の最も基本的な考え方は，研究者が自由な発想に基づいて柔軟に研究活動ができるよう，適正な使用を確保する範囲内で，規制は最小限のものにしていくということです。

　科研費は日本で最大の競争的資金制度なので，他の競争的資金制度においても，科研費の制度改善に準拠する形で改善が行われることもあり，科研費における取り扱いが日本の競争的資金制度のデファクト・スタンダードのようになっている面があります。

これまでの改善の例

　いくつか，これまでの改善の例をあげてみましょう。

　かつては，経費の支出区分について細かく記載しなければなりませんでし

たが，平成16年度からこれを4つ（物件費，旅費，人件費，その他）に大括りにし，さらに，総額の50％未満の範囲内であれば，支出計画を自由に変更できるようにしました。これによって，よほど大きな変更がないかぎり，支出の内訳に関して変更の手続きをする必要はなくなりました。

また，研究実績報告書の提出期限が4月だったので，大学内での取りまとめに必要な時間の関係から，研究費を年度末に使うのは厳しいという状況がありました。これについて，平成18年度から，研究実績報告書の提出期限を5月末に伸ばし，学内の手続きを考えても年度末まで研究費が使えるようにしました。

研究費に限らず，単年度の会計が原則となっている日本においては，年度によるお金の使い勝手は大きな課題になっています。特に研究は年度などの都合と関係なく行われているものですから，年度会計による弊害は研究活動にとって大きな問題でした。このため，科研費については早くから繰越制度を導入してきましたが，そのための事務手続きについても簡素化を図ってきました。

これらは科研費の改善のごく一部にすぎませんが，こうした改善の積み重ねによって，科学技術・学術政策研究所が毎年度行っている調査においても，科研費の使いやすさの向上の度合いは調査項目中最も高く評価されています（図20）。この調査項目は，使いやすさの変化が評価されているものなので，科研費制度において毎年のように何かしら使いやすくするための改善が行わ

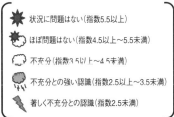

図20　科研費の使いやすさに関する高い評価

出典：「日本の科学技術の状況に関する総合的意識調査（定点調査 2013）」（科学技術・学術政策研究所）

れているということなのです。

使いにくいと思い込んでいませんか

　こうした改善にもかかわらず，研究者の中には，現場ではまだまだ使いにくい面があるぞという思いを持っている方もいるかもしれません。科研費に限ったことではありませんが，こうした制度の実際のネックとなっている要因は，大きく3つに分けられます。

　1つ目は，根幹となる国の基本的な制度によるもの，2つ目は科研費などの各制度の規則によるもの，3つ目は現場での運用におけるものです。

　科研費の使い勝手に関して，1つ目の国の基本的な制度による問題としては，何と言っても研究費の単年度会計でしょう。これについては，後述するように，基金化によって一部の科研費については，大幅に使い勝手が改善されました。

　このほかにも使い勝手上の問題があると思いますが，実際には，3つ目の現場における自主規制が原因になっていることも多いようです。また，毎年のように科研費の改善がなされているにもかかわらず，そのことが研究現場に十分浸透していないということもあるでしょう。なかには，「こういった用途には使えないはずだ」との都市伝説的な思い込みもあります。研究者の方から科研費制度の柔軟化の要望を受けることがありましたが，その7～8割くらいのケースにおいて，科研費制度では何ら規制しておらず，実は各研究機関のルールや運用の問題だったというのが実感です。

　日本学術振興会のウェブサイトでは，科研費に関するFAQを設けて，使い方に関する具体例をあげながら，こうした思い込みの解消を図るとともに，科研費の制度側で新たに行った規制緩和などについて，逐次FAQに追加して紹介しています。

　例えば，パソコンを購入する際には，あわせてセキュリティソフトを導入するのが一般的になっていますが，このような際に，3年契約のソフトの方が1年契約のものを3回更新するよりも費用が安く済みます。これまでは，単年度予算の考え方から，補助金の科研費では3年もののソフトを購入することが認められていませんでした。しかし，科研費に基金が導入され，基金

の科研費では問題なく購入できるようになったことや,そもそも複数年契約のソフトを購入することが一般的になり,しかも費用も安く済むことなどから,平成26年の途中からこれを認めるようにしました。[56] こうした事例については,FAQに追加して周知するようにしています。

さらに,ウェブサイトでは,全国の研究機関で行われている科研費の柔軟な使用に関する取組例についても紹介しています。「あの大学でやっているのだからうちの大学でもできるんじゃないか」という発想で柔軟な使用を広めてもらいたいという考えによるものです。こうした事例について,他の機関でも参考にしていただき,より効率的に科研費が使用できるように,各大学・研究機関において自主ルールの改善をしてもらいたいと思います。

(2) 設備購入のための科研費の合算使用

何人かの科研費からお金を出し合って1つの研究設備を購入できるということをご存じでしょうか。

これが科研費の合算使用です。科研費は,それぞれの研究課題に対して出されている補助金なので,これまでは,別々の研究課題からお金を出し合うという発想そのものが,制度側にもありませんでした。一方において,同じ研究所の建物の中で,別々の研究者がそれぞれの科研費で同じような設備を購入するといったことも生じていました。また,これまでも,ある研究者が科研費で購入した設備については,その研究に支障がないかぎり,ほかの研究者が使用しても構わないとされてきましたが,実際にはなかなか借りにくいといったこともありました。

複数の科研費から出し合って設備を購入

こうした中,平成24年度より,科研費の合算使用を認めることとなりました。ある設備を必要とする複数の研究者が,それぞれの科研費からお金を持ち寄って共同で購入することができるというものです(図21)。合算を認

---

56) ただし,基本的に,研究期間を超えて契約することはできません。

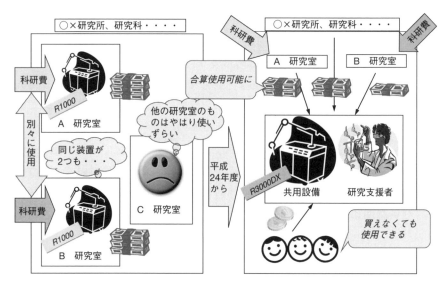

図21　科研費の合算使用による共用設備購入のイメージ

めるのは，科研費と科研費だけでなく，例えば国立大学なら運営費交付金など，使途の制限のない大学の経費でも制限はありません。

　科研費における合算使用の規制緩和については，その後，他の競争的資金にも拡大し，平成27年3月末には，政府全体の補助金形態の競争的資金において，合算使用による共同設備・機器購入が可能になるよう共通ルール化されました。科研費制度での改善が，デファクトスタンダードとして他の競争的資金の改善につながった一例です。

　なお，競争的資金には，補助金でない委託費の形をとるものもあるので，他の競争的資金と合算使用する場合には，事前に各制度のルールを確認しておく必要があります。

共同利用が前提でも構わない

　合算使用では，当初から共同利用することを前提とした設備を購入するための合算も問題ありません。むしろ，これまで単独では購入が難しかった高額の機器や大学側で更新が難しかった共用設備について，科研費などの競争

的資金を持ち寄ることによる整備を可能とすることによって，各大学・研究機関における研究活動が全体として効果的・効率的に行われるようになることが期待されているということです。

　また，特に，こうした共用設備については機器を操作する専任のオペレーターがいることが望ましく，機器の購入について科研費などの競争的資金で分担する分，大学の経費や間接経費のように，ある程度恒常的な性格を持った財源を有効に活用して，オペレーターを雇用するといった工夫をそれぞれの研究現場で積極的に行っていただきたいものです。

(3) 科研費の基金化

　日本の場合，国の予算は会計年度ごとの単年度で管理する制度になっています。これは，毎年度の予算を国会の審議を経て決めるという憲法86条の規程に基づくとされています。毎年度の予算について，毎年国会の了解を必要とするということ自体は，至極当たり前のことと思われますが，会計制度として実際に適用していくと，年度の境目にあたる3月，4月に予算が使いにくくなるという問題が発生してしまうのです。

　これは，研究費に限ったことではありませんが，研究活動というものが年度の境目と関係なく継続的に行われるものであること，また，何年間かの計画として実施する科研費の研究が，年度ごとの計画どおりに進むわけではないことから，科研費の使用について年度の制約を取り払えるようにすることが切望されていました。特に科研費で行われる研究は，研究者の自由な発想に基づいて行われるものですから，年度というものに煩わされないようなシステムにする必要性が高いわけです。

　これに関しては，前述したように，繰越制度の導入や繰越手続きの簡素化にもいち早く取り組んできましたが，研究者側からすると，使い勝手が十分によくなったとは言い難い状況が続いていました。

年度による研究費の使いにくさを解消

　こうした状況を抜本的に改善したのが，平成23年度に行われた「科研費

の基金化」の改革です。科研費の年度の制約を取り払うということと基金化はイコールの概念ではありませんが，現在の単年度の会計原則の下においては，基金化という方途を導入することが抜本的な解決手段につながったということです。

　研究費を基金化して複数年度にわたって使えるようにしたのは，実は2例目です。平成21年度の補正予算によって，最先端研究開発支援プログラム（FIRST）が創設されましたが，その際，研究費制度として初めて基金が創設されました。ただし，これは，補正予算という一時的な予算によって数年間にわたる研究支援を行うため，基金を設けることが必然的に求められたということであり，支援プログラムの期間である平成25年度までの時限的な制度として設けられたものでした。

　科研費の基金についてはこれとは異なり，恒常的な制度であることを前提として設けられたものです。いずれも単年度会計の原則の例外的な扱いになるため，法律を改正するという国会の了解を得て行われたもので，前述の制度にかかる規制のレベルでいえば，第1番目の国の制度レベルでの改正ということになります。基金化の改革は，科研費の長い歴史の中でも，最大級の改革といえるでしょう。

基金化のメリット

　単年度会計の予算制度においては，予算は基本的に年度内に使う必要があります。このため，例えば研究に必要な物品を注文する場合には，その物品が年度内に納入される必要があるため，納入までにかかる期間を考えると，年度末ぎりぎりには注文することができなくなります。また，前年度の予算の一部を残して次の年度に持ち越して使いたい場合には，あらかじめ繰越のための手続きを行い，国の承認を得る必要があります。

　このため，科研費の場合でも，これまでは年度末には事実上非常に使いにくい状態にありました。こうしたことが，ひいては年度末から年度初めにかけての研究のパフォーマンスを下げることにつながってしまうのです。

　科研費を基金化したことによるメリットは，研究者サイドの観点で見ると，大きく3点をあげることができます。

①年度の区切りを気にせずに研究費が使える

1つ目は、物品を購入するなど科研費を使うにあたって、年度の境目を全く気にする必要がないということです。

例えば、3月に物品の注文を出し、4月に納品されても問題はありません。この点については、各大学の経理部門がこれまでのように3月の注文を締め切っていたりすると意味がなくなってしまいます。

研究費の使いやすさについては、国の制度面だけでなく、それぞれの研究現場におけるルールについても見直していくことが大切です。

②事前の手続きがいらない

2つ目は、研究費を翌年度に繰り越したい場合でも、事前の手続きは要らないということです（図22）。

ある年度の研究費を使っていき、結果として年度内に使い切らなかった額が生じたとしても、それを翌年度の研究費と一緒に翌年度に使えるようになりました。しかもこれに関する手続きは何ら必要ありません。これまでの実績を見ると、基金化された科研費においては、概ね7割の研究者が研究費を翌年度に回しています。これは従来の繰越制度の利用状況からすると、10倍以上の利用率になります。手続きが不要であることが、研究者にとってい

かにメリットが大きいかを示していると思われます。

　なお，この使い切らずに翌年度に使用することについては，事前の手続きを経れば，研究計画の最終年度でも可能にしており，最終年度に使い切らなければならないものではありません。したがって，5年の研究であった場合には，6年目に使用することもできるということです。ただし，さらに1年繰り延べして7年目に入ることはできません。

　米国のNSFのグラントでも同様のしくみがあり，「ノーコスト・エクステンション」と呼ばれています。なお，科研費でノーコスト・エクステンションをしても，新たな年度の科研費の応募・採択について重複制限の制約がかかることはありません。

③研究の思わぬ進展にも対応した研究費の前倒し

　3つ目は，翌年度以降の研究費として予定していた研究費を前倒しして使うことができるということです（図22）。

　研究が予定よりも早く進展したような場合，あるいは，予定外の対応のために追加の研究費が必要になった場合，翌年度以降の研究費から一部を前倒し（前借り）することができるというものです。単年度の予算の場合は，前倒しに対応できるような予備費のような予算がそもそもないため，前倒しはできませんでした。

　このため，追加の研究費が必要になった場合でも，別途，柔軟に対応できるような研究費の余裕がない限り，翌年度まで待たなければなりませんでした。実際に世界の研究者と競争している日本の研究者に対して，こうした場合に「年度が変わるのを待ってください」といわなければならないのは，いかにも間の抜けた話です。なお，これまでの実績では，前倒しの利用者は概ね1％程度であり，研究費を翌年度に回すのと比べると，非常に少ないのが実態です。

　それぞれの研究者は，採択された科研費の中で研究費をマネージしていますから，前借りするほどの緊急事態が日常的に起きているわけではないということでしょう。一方で，まれなケースであっても，研究上緊急に必要となる場合に対応できるような制度になっていることは，世界で競争している研

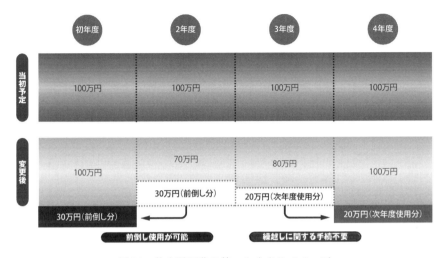

図22　基金科研費の使いやすさのイメージ
出典:「科学研究費助成事業 2015」パンフレット

究者の皆さんにとって重要であると思われます。

　このような基金化のメリットにより，研究をスムーズに行うことができるようになり，研究活動が全体として活性化することが期待されます。また，年度末に使い切りを行う必要性がなくなるので，自然と研究費が効果的・効率的に使われるようになるでしょう。

　さらに，これまで何かと面倒であった会計年度の境目の手続きをしなくてよくなることから，研究者や研究機関の事務の負担を軽減することができ，研究により多くの時間を費やすことができるようになることが期待されます。

　なお，単年度予算を原則とする日本においては，科研費の基金化によって研究費の年度を気にすることなく使えるようになったことは画期的ともいえますが，諸外国の研究現場では当たり前の話であり，ようやくそのレベルに近づいたにすぎません。

研究を効率的に行える実感

　科学技術・学術政策研究所が毎年度行っている調査においても，「科研費の基金化は，研究開発を効果的・効率的に実施するのに役立っているか」と

問	質問内容	大学	公的研究機関
Q1–20	研究費の基金化は，研究開発を効果的・効率的に実施するのに役立っているか	0.17	−0.08
	2011	7.1	6.7
	2012	7.2	6.9
	2013	7.3	6.6

図23　科研費の基金化は研究開発を効率的にする
出典：「日本の科学技術の状況に関する総合的意識調査（定点調査 2013）」（科学技術・学術政策研究所）

いう質問項目が，最も高い評価の回答を得ており，期待どおりの効果が出ていることが明らかになっています（図23）。

なお，不満をもらす意見としては，まだ科研費全体ではなく，一部の研究種目しか基金化されていないといった点があげられています。

なぜすぐにでも科研費を全部基金化できないのでしょうか

以上のように様々なメリットがある科研費の基金化ですが，平成23年度に基金化がスタートした際には，基盤研究C，若手研究B，挑戦的萌芽研究の3つの研究種目，24年度には，基盤研究B，若手研究Aの2種目の研究費の一部が追加[57]といった具合で，すべての研究種目が基金化されているのではないという状況です。

新規採択される課題の数で見れば，全体の9割が基金化の対象となってはいますが，大型の研究費が対象外のため，平成26年度予算額2,276億円のうち，基金化されている予算額は984億円であり，まだ残りの半分が基金化の対象になっていません。

---

57) 基盤研究B，若手研究Aについては，研究費のうち500万円部分についてのみ基金化が認められました。したがって，例えば，研究費の総額が2,000万円であったとすると，500万円が基金，残りの1,500万円が従来型の補助金で助成されることになります。こうした点が事務的に煩雑であるとの理由により，平成27年度からは全額補助金に戻ることとなりました。確かに，事務的な煩雑さは解消されるかもしれませんが，研究者側からすれば，基金による使い勝手の良さのメリットはなくなってしまったわけです。

なぜすぐにでも科研費全部を基金化しないのか，というのが研究者の誰もが考える疑問でしょう。

　その最も大きな理由は，基金化するためにはかなりの予算の増額が必要になるということです。科研費の基金化について，もう少し詳しく説明しましょう（p.21，図7参照）。

　基金の科研費では，ある年度に新規に採択する研究課題に関しては，全研究期間分の研究費をあらかじめその年度の予算で措置し，そのうちの翌年度以降の分の研究費については，基金の中に確保（留保）するということになっているのです。

　これまでの単年度の補助金制度の科研費の場合は，その年の研究費として必要な額だけ（図7の①）予算があればよかったわけですが，基金化に際しては，これに加えて，基金化した研究種目の新規採択分について，2年目，3年目，4年目といった翌年度以降の分の研究費（図7の②の■部分）も予算措置が必要になります。

　実際，平成23年度の予算は633億円の増額でしたが，このうち，429億円は基金化した3つの研究種目で平成23年度に新規採択された研究課題の翌年度以降分の研究費として基金に留保する分として必要になったものです。仮に，残りの科研費全体を一度に基金化したとすると，1,000億円以上の予算の増額が必要となると思われます。そこで，24年度にも2種目を追加といった具合に，徐々に基金化を拡大してきたのです。

　なお，予算の大幅な増額が必要になるのは，補助金から基金への制度の移行期での一時的なもので，移行が完成した際には，必要となる毎年度の予算の額は，移行前の補助金の時の予算額と同じ額まで戻ります（図7の④）。

　一方，国の財政状況はこのところたいへん厳しい状況にあります。こうした中，これまでのように翌年度以降の研究費分の予算負担を伴う基金化の形を継続しながら基金化の拡大を図っていくことは，一時的な予算の増とはいえ，現実的に難しいのではないかと思われます。このため，別の効率的な基金化のしくみについて検討する必要があるでしょう。

　基金化については研究者側のメリットが非常に大きいだけでなく，研究費の効率的な使用の観点からすれば財政効率上のメリットも大きいと考えられ

ます。また，研究活動がグローバル化する中で，日本の研究者だけが年度を気にしながら研究しているようでは，国際共同研究に支障が生じたり，グローバルな競争の中で勝ち抜く上で大きな足かせとなることは明らかでしょう。

早期に科研費すべての基金化が完成することが期待されます。[58]

---

58) 平成27年度予算では，国際共同研究を促進する観点から，新たに国際共同研究加速基金（約100億円）が創設されましたが，こうした特別な観点からの拡大にとどまらず，一般の科研費全体の基金化を進めていくことが極めて重要だと考えます。

5章
科研費の採択のためのヒント

　科研費は平成23年度に採択率の大幅な改善が図られ，現在は28％程度に達していますが，いずれにしても3分の1以下の採択率ですから，高嶺の花との声も聞こえてきます。インターネットの検索ワードの欄に「科研費」と入れると，「科研費　書き方」といった検索ワードが自動的に示されますし，科研費の応募のノウハウに関するページがたくさんヒットします。科研費の獲得のために申請書をどう書いたらいいのかということが，多くの研究者にとって大きな関心事であることがわかります。

　最近では，多くの大学において科研費の獲得を目指したセミナーの開催や申請書の書き方のノウハウ講座，先輩研究者による添削指導など，様々な取り組みが行われています。こうした大学の中には，実際に採択率を伸ばすことに成功しているところもあるようです。

　大学入試における傾向と対策ではありませんが，科研費などの研究費の採択を目指す場合には，どのようなしくみで審査が行われるのかを知った上で戦略を立てていくことが効果的でしょう。もちろん，基本的にはそれぞれの応募者の研究計画の内容で決まるものではありますが，審査のしくみや気をつけるべき点などについてよく頭に入れて研究計画調書に向きあえば，それだけ採択される可能性は高くなるはずです。

（1）基本的に頭に入れておくべきポイント

　改めて基本的な頭の整理から始めましょう。研究費を獲得するためには，審査でよい評価を得る必要があるわけですが，その審査とはどのようなもの

なのかということです。はじめに３つの考え方のポイントをあげたいと思います。

①研究費の応募は学会発表とは違う

採択されるにはいい内容の研究であればよいという観点からすると，気をつけるべき点は学会やジャーナルでの発表と基本的に同じでしょうか。研究の内容について説明するという点では同じかもしれませんが，大きく異なる点があります。

科研費を含め，多くの研究費の審査では，何人かの審査委員の評価を合算して，総合点（平均点）として評価することになります。ですから，研究費の応募では，高い評価を得るだけではなく，いかに低い評価を得ないかということも同時に大切になるのです。自分の研究の良さを「わかる人にさえわかればよい」という姿勢の申請では，わからない人を作ってしまい，低い評価をもらってしまうかもしれません。このため，自分の研究を学会やジャーナルで発表する時とは少し異なった配慮が必要になります。

これについては，選挙を例にあげるともっとわかりやすいかもしれません。選挙では，一定の有権者の支持さえ得られれば，ほかの有権者から嫌われたとしても当選することは可能です。仮に半分の有権者に支持されれば，残りの半分の有権者に強く嫌われたとしても十分当選できるでしょう。

これに対して，研究費の審査では，○をつける審査員と×をつける審査員が同数なら，採択率の状況からしてまず採択にはならないでしょう。

②わかりやすい記述

科研費の研究は高度な専門性を有し，かつ独創的なものであるため，研究計画調書には難しい記述が多くなることはやむを得ません。だからといって，難解な研究計画調書でもかまわないというわけではありません。研究計画調書は，自分の考えを審査員に伝えるために作成するものですから，よく伝わるためにはどう表現したらよいかというマインドで作成することが重要になります。研究費の申請書はプレゼンテーションの一種です。

そして，審査の実情として頭に入れておくべき点が２つあります。

1つ目は，科研費の審査委員が審査する研究計画調書の分量が多いということです。科研費の場合，毎年膨大な件数の応募がなされるので，審査委員1人が審査する研究計画調書の量もまた大変なものです。これを忙しい仕事の合い間に目を通して評価していくことになりますが，審査に割くことができる時間は自ずと限られています。こうした中で，難解な記述の研究計画調書に遭遇したらどうでしょう。何度も読み返してくれる審査委員もいるかもしれませんが，それを当然のこととして期待するのはいかがなものでしょうか。

　2つ目は，審査委員のカバーできる専門の範囲についてです。専門分野ごとの審査委員といえども，その中でのテーマは幅広く，応募されてきた最先端の研究内容のすべてについて，必ずしも熟知しているわけではありません。というよりも，科研費の研究内容は独創的なものが多いので，斬新な研究アイデアであればあるほど，審査委員の専門知識の範囲を超えると思った方がよいでしょう。

　こうした審査を前提にすると，要するに，「わかりやすい記述」に心掛けることが重要になります。

③主観的な評価を前提に考える

　大学入試のようなテストの場合は，出題者側から問題が提示され，一定の正解があり，正解にどれだけ近いかによって点数（評価）が決まります。テストの採点にあたっては，評価の客観性が重視され，採点者が誰であるかによって点数に差が生じないように工夫されています。

　研究費の応募に対する審査はそういうものではありません。一部のトップダウン型の競争的資金の場合は，何らかのテーマや課題といった一定の枠が設定され，その中で一種の期待に応えることが求められる面はあるかもしれませんが，いずれにしても，正解が用意されているようなテストではありません。

　科研費の審査のしくみの中では，評点に関する基準を設けていますが，テストの場合とは異なり，あくまで評価者の主観による判断が大きくなります。もちろん，非常に優れた研究計画であれば，審査員全員が高い評価をするこ

とはあります。しかし，多くの場合は，審査員の評価に差が生じるものです。

研究費の審査は個々の審査委員の主観的な判断によって左右されるものということを頭に入れながら，その上でどのようにすればより多くの審査委員に自分の研究計画に好感を持ってもらえるか，何事も審査委員の側になったつもりで考えてみることが大切だということです。

（2）情報を入手しましょう

インターネットの活用

科研費の応募や審査に関する情報は，ほとんどすべてが日本学術振興会の科研費のウェブサイトに掲載されています（図24）。特に，審査及び評価に関する規程等には，審査の観点や採点の方法などが示されているので，採点ルールを知る上でも必ず目を通しておくとよいでしょう。ルールをよく知らなければそもそも試合になりません。

もう1つの重要な情報源が，国立情報学研究所（NII）が公開しているKAKEN（科学研究費助成事業データベース）です（図25）。このデータベ

図24　日本学術振興会の科研費ウェブサイト

図25　KAKENデータベースのホーム画面

ースには過去数十年の科研費の採択課題の情報が含まれており，分野，研究種目，採択年度，キーワードなどによる詳細な検索ができるようになっています。

どの細目に応募するか

　科研費では，自分の応募課題をどの分野（細目）で審査してもらいたいか自己申告します。KAKENデータベースを使えば，ある細目で過去に採択されている研究課題について見ることができるので，自分が考えている研究計画が，その細目に適したものなのか，逆に，過去に既に似たような研究が行われていないか，といったことをチェックすることができます。学問の境界は常に流動していますから，もしかすると応募を予定している細目とは別の細目の方が，より自分のテーマにマッチしているということがあるかもしれません。

インターネットを通じて入手できる科研費に関する情報の例

▶科学研究費助成事業における審査及び評価に関する規程

科研費の審査の方法，審査基準などが詳細に定められています。研究種目によって審査の方法や基準が若干異なります。

http://www.jsps.go.jp/j-grantsinaid/01_seido/03_shinsa/index.html

▶審査の手引き（第1段書面審査，第2段合議審査）

実際の審査委員向けに審査のしくみ，評価の方法，基準などについて説明するための資料です。「科学研究費助成事業における審査及び評価に関する規程」と内容として重なるところもありますが，よりわかりやすくまとめられているので，科研費を応募する者として，審査がどのように行われるのかを知る上でも役に立つと思われます。

研究種目別に，海外学術調査，特設分野研究，奨励研究などに関するものもあります。

https://www.jsps.go.jp/j-grantsinaid/01_seido/03_shinsa/index.html

▶KAKEN（科学研究費助成事業データベース）（国立情報学研究所）

科研費により行われた研究の当初採択時のデータ（採択課題），研究成果の概要（研究実施状況報告書，研究実績報告書，研究成果報告書概要），研究成果報告書を収録したデータベースです。科研費制度の変更に伴って，採択課題については1965年以降，研究成果の関係については1985年以降のものが登録されています。

検索はフリーワードで可能で，さらに項目別に研究分野，研究種目，採択年度，研究課題名などを絞ることもできます。科研費はすべての学問領域にわたって幅広く交付されているので，本データベースにより，我が国における全分野の最新の研究情報について大まかに検索・分析することも可能といえるでしょう。

http://kaken.nii.ac.jp/

▶年度別科研費の配分について（文部科学省）

毎年度，文部科学省が当該年度の科研費全体の状況についてまとめて公表している資料です。研究種目別の応募・採択状況，配分額，研究機関別の状況，研究分野別の状況といった科研費全体の状況に加え，全大学等の機関別

の採択状況（新規採択率，女性比率，若手比率などを含む）も掲載されているので，自身が所属する研究機関と他の機関との比較・分析をすることもできます。

　また，細目別に採択件数上位の10研究機関が示されており，研究分野別に強い研究機関を調べることもできます。さらに，大型研究種目や特設分野などの採択課題の一覧も含まれています。

　http://www.jsps.go.jp/j-grantsinaid/27_kdata/index.html
▶年度別科研費の審査に係る総括（JSPS 科学研究費委員会）

　毎年度，日本学術振興会（JSPS）が審査を担当する科研費全体の状況についてまとめて公表している資料です。文部科学省の資料と異なり，JSPSが審査を担当しない新学術領域などについては除かれますが，ほとんどの研究種目の審査を JSPS が担当しているので，ほぼ科研費全体の分析結果が示されているといってもよいでしょう。文部科学省の公表資料に比べて，より詳細に分析が行われており，前年度と比較した状況や当該年度における研究種目ごとの応募状況の分析や課題点などの総評も示されています。

　また，研究種目別・分野別の採択率の状況，採択課題における要求額に対する査定額の状況（充足率），職名別の状況，男女別の状況，年齢別の状況といった観点からの分析も行われています。

http://www.jsps.go.jp/j-grantsinaid/01_seido/03_shinsa/index.html#23shinsa

▶科研費データ（JSPS）

科研費に関する各種データのこれまでの推移などを見ることができます。

http://www.jsps.go.jp/j-grantsinaid/27_kdata/index.html

▶科研費パンフレット

科研費パンフレットは毎年更新されており，冊子体で全国の大学・研究機関に配布されていますが，インターネットでダウンロードすることもできます。パンフレットでは，科研費の制度の概要，応募・審査のしくみ，科研費の適正な使用の確保，研究成果の公開，情報発信・広報普及活動，科研費を使いやすくするための取り組みの紹介，イノベーションの芽を育む科研費の事例などについてわかりやすく解説しています。

http://www.jsps.go.jp/j-grantsinaid/24_pamph/index.html

▶科研費FAQ

科研費の制度，審査，研究費の使い方などに関するQ&Aをまとめたものです。研究機関側からの要望や問い合わせに対応して制度改善が行われた場合は，FAQを更新することによって，全国に制度改善について知らせるという意味合いも持っています。

http://www.jsps.go.jp/j-grantsinaid/01_seido/05_faq/index.html

（3）審査と採点のルールを理解する

①一般的な審査の流れ

審査の流れと採点のルールについて，まずは，一般的な研究種目である基盤研究A・B・Cや若手研究A・Bのケースを見ていきましょう。

審査は大きく2つに分かれています。はじめに第1段の書面審査，次に第2段の合議審査となります。第1段の書面審査は，応募時に記載した細目ごとに分かれて行われ，第2段合議審査は，書面審査の評価に基づき，いくつかの分野別の委員会に分かれて行われます。④合議審査の流れでも触れますが，採択されるためには書面審査の評価が大変重要になります。

なお，現在のしくみでは，書面審査と合議審査を別々の審査委員が担当しています。[59]

②書面審査の採点のルール

第1段の書面審査は，5つの評定要素ごとの採点，総合評点の採点，経費の妥当性や法令遵守の観点のチェック，の流れで行われます。

5つの評定要素は，(1)研究課題の学術的重要性・妥当性，(2)研究計画・方法の妥当性，(3)研究課題の独創性・革新性，(4)研究課題の波及効果・普遍性，(5)研究遂行能力・研究環境の適切性，となっています。それぞれの評定要素において，評価の観点がいくつかの項目として示されています。また，それらについて，研究計画調書の主にどの欄の記載から判断してもらうかが決められています。

実際の評定要素は次のようになっています。[60] 5つの評定要素の項目の右側にカッコ書きで，「研究目的」，「研究計画・方法」欄といった記載がありますが，これは，審査委員が判断する際に見るべき計画調書の欄を示しています。

（1）研究課題の学術的重要性・妥当性（「研究経費」，「研究目的」欄など）
　　・学術的に見て，推進すべき重要な研究課題であるか。
　　・研究構想や研究目的が具体的かつ明確に示されているか。
　　・応募額の規模に見合った研究上の意義が認められるか。
（2）研究計画・方法の妥当性（「研究計画・方法」，「研究経費の妥当性・必要性」欄など）
　　・研究目的を達成するため，研究計画は十分練られたものになっているか。
　　・研究計画を遂行する上で，当初計画どおりに進まないときの対応など，多方面からの検討状況は考慮されているか。

---

59) 例外として，基盤B・Cのうち特設分野研究については，書面審査と合議審査を同じ審査委員が担当する形で行われます。こうした審査の方式について，スタディ・セクション方式と呼んでいます。
60)「科学研究費助成事業における審査及び評価に関する規程」の中の「基盤研究（A・B・C），若手研究（A・B）の第1段審査における評定基準等」

- 研究期間は妥当なものか。
- 経費配分は妥当なものか。
- 研究代表者が職務として行う研究，または別に行う研究がある場合には，その研究内容との関連性及び相違点が示されているか。
- 公募の対象としていない以下のような研究計画に該当しないか。
  - ①単に既製の研究機器の購入を目的とした研究計画
  - ②他の経費で措置されるのがふさわしい大型研究装置等の製作を目的とする研究計画
  - ③商品・役務の開発・販売等を直接の目的とする研究計画（商品・役務の開発・販売等に係る市場動向調査を含む。）
  - ④業として行う受託研究

（3）研究課題の独創性及び革新性（「研究目的」，「研究計画・方法」欄）
- 研究対象，研究手法やもたらされる研究成果等について，独創性や革新性が認められるか。

（4）研究課題の波及効果及び普遍性（「研究目的」，「研究計画・方法」欄）
- 当該研究分野もしくは関連研究分野の進展に対する大きな貢献，新しい学問分野の開拓等，学術的な波及効果が期待できるか。
- 科学技術，産業，文化など，幅広い意味で社会に与えるインパクト・貢献が期待できるか。

（5）研究遂行能力及び研究環境の適切性（「研究組織」,「研究計画・方法」,「研究業績」,「これまでに受けた研究費とその成果等」,「今回の研究計画を実施するに当たっての準備状況及び研究成果を社会・国民に発信する方法」欄など）
・これまでに受けた研究費とその研究成果を評価し，これまでの研究業績等から見て，研究計画に対する高い遂行能力を有していると判断できるか。
・複数の研究者で研究組織を構成する研究課題にあっては，組織全体としての研究遂行能力は充分に高いか，また各研究分担者は十分大きな役割を果たすと期待されるか。
・研究計画の遂行に必要な研究施設・設備・研究資料等，研究環境は整っているか。
・研究課題の成果を社会・国民に発信する方法等は考慮されているか。

　評定要素ごとの採点は，4段階の絶対評価で行われます。具体的には，「4　優れている」,「3　良好である」,「2　やや不十分である」,「1　不十分である」の4つになります。
　審査委員は，このような審査のしくみに基づいて，まず，それぞれの評定要素を評価する際の観点に基づき，これらが研究計画調書の各欄に適切に記述されているかを見ながら評価していきます。たくさんの研究計画調書について，要素ごとに評価していくのは，なかなか骨の折れる作業です。
　したがって，研究計画調書の各欄で説明すべき点について記述がなかったり，わかりにくかったりすれば，どうしても評価が低くなるでしょう。

・総合評点は相対評価で行われる
　審査委員は評定要素ごとの採点が終わったところで，その研究課題に対する総合評点を付すことになります。総合評点は，5，4，3，2，1の5段階による相対評価で行われます。そして，5は10％，4は20％，3は40％，2は20％，1は10％という相対評価の分布の目安が決められており，審査委員がこれと大きく異なる評価をしようとしても，審査システムが受け付けないようなしくみになっています。
　審査委員は平均して70ほどの応募研究課題について専門分野ごとの審査

を行うことになりますが，それらの課題の中で相対的な順位を付けていくということになります。１位刻みで順位を付すものではありませんが，５点にするか４点にするかといった線が引かれることとなります。また，相対評価ですから，仮に審査委員としては優れた研究課題がほとんどであると思ったとしても，その中から１や２の評価をどうしても付けざるを得ないということになります。

③研究計画調書のポイント

・記載すべき事項をきちんと盛り込む

研究計画調書を作成する際に重要なポイントの１つは，研究計画調書の各欄に記載すべき事項を適切に盛り込むということです。

研究計画調書には，研究目的や研究計画，研究方法，準備状況などの各欄が設けられていますが，それぞれの様式の上部に記入要領があり，記入すべき内容が示されています（図26）。とても細かい文字なのであまり注意して読まないでいると，記入すべきポイントが漏れてしまいます。いくら一生懸命記載しても，求められている事項と合わない的外れな内容の記述になって

基盤Ｃ（一般）－１

研究目的

本欄には、研究の全体構想及びその中での本研究の具体的な目的について、冒頭にその概要を簡潔にまとめて記述した上で、適宜文献を引用しつつ記述し、特に次の点については、焦点を絞り、具体的かつ明確に記述してください（記述に当たっては、「科学研究費補助金（基盤研究等）における審査及び評価に関する規程」（公募要領56頁参照）を参考にしてください。）。
① 研究の学術的背景（本研究に関連する国内・国外の研究動向及び位置づけ、応募者のこれまでの研究成果を踏まえ着想に至った経緯、これまでの研究成果を発展させる場合にはその内容等）
② 研究期間内に何をどこまで明らかにしようとするのか
③ 当該分野における本研究の学術的な特色・独創的な点及び予想される結果と意義

基盤Ｃ（一般）－３

研究計画・方法

本欄には、研究目的を達成するための具体的な研究計画・方法について、冒頭にその概要を簡潔にまとめて記述した上で、平成２２年度の計画と平成２３年度以降の計画に分けて、適宜文献を引用しつつ、焦点を絞り、具体的かつ明確に記述してください。ここでは、研究が当初計画どおりに進まない時の対応など、多方面からの検討状況について述べるとともに、研究計画を遂行するための研究体制について、研究分担者とともに行う研究計画である場合は、研究代表者、研究分担者の具体的な役割（図表を用いる等）、学術的観点からの研究組織の必要性・妥当性及び研究目的との関連性についても述べてください。
また、研究体制の全体像を明らかにするため、連携研究者及び研究協力者（海外共同研究者、科学研究費への応募資格を有しない企業の研究者、大学院生等（氏名、員数を記入することも可））の役割についても必要に応じて記述してください。

基盤Ｃ（一般）－５

今回の研究計画を実施するに当たっての準備状況等

本欄には、次の点について、焦点を絞り、具体的かつ明確に記述してください。
① 本研究を実施するために使用する研究施設・設備・研究資料等、現在の研究環境の状況
② 研究分担者がいる場合には、その者との連絡調整状況など、研究着手に向けての状況（連携研究者及び研究協力者がいる場合についても必要に応じて記述してください。）
③ 本研究の研究成果を社会・国民に発信する方法等

図26　研究計画調書の冒頭部分の留意事項

・「研究目的」が計画調書の要

　ここで改めて研究計画調書について見ていきましょう。

　研究種目によって多少の違いはありますが，研究計画調書の大まかな構成は次のようになっています。フェイスシートに続いて，「研究目的」⇒「研究計画・方法」⇒「研究業績など」⇒「経費など」という順です。

　審査する側からすると，「研究目的」欄で，何をしたいのかの研究の提案内容を見て，その提案内容がいいものだとして，次に，その進め方は妥当なものなのかについて「研究計画・方法」の欄でチェックし，それも妥当なものだとして，果たしてこの研究者で可能かどうかについて「研究業績」欄で確認する，という流れに沿った構成になっています。

　さらに，それらを補完する情報として，これまでの準備状況，経費の計画，経費の妥当性，法令の遵守などの欄があるわけです。

　こうした構成からわかるように，まずはじめの「研究目的」でつまずくとどうしようもないということです。

　「研究目的」の欄では，提案する研究の全体構想と目的について，特に①研究の学術的な背景（国内外の研究動向，応募者のこれまでの研究成果と今回の研究計画の着想の関係など），②研究期間内に何をどこまで明らかにするか，③研究の学術的な特色や独創性，予想される結果と意義，などについて具体的かつ明確に記述することが求められています。これらの点について，もれなく説明することが大切です。

　さらに，研究目的の欄には，冒頭に数行分の枠が設けられており，研究目的の概要を簡潔に示すように求められています。審査委員は，まずこの部分を読んで，研究の内容を大まかに理解しようとしますから，この概要欄は，自分の提案する研究計画について，審査委員に売り込む上で最も重要なポイントになります。

　なお，研究計画調書の各様式については応募者が変更することができません。研究目的の概要欄の大きさについても同じですから，このわずか数行の

スペースでアピールできるように，記述内容については十分に推敲することが大切です。

・研究計画・方法は合理的な説明が重要

「研究計画・方法」の欄では，研究目的で示した研究提案を具体的にどのようにして実施するのかについての説明が求められます。

その際，当初の計画どおりに進まないときの対応，研究を複数の者で実施する場合の実施体制などについても具体的に示すことが求められています。また，この欄でも，冒頭に概要を簡潔に示すこととされています。

研究目的を読んだ審査委員が「なかなか面白そうな研究だな」と思ったものについて，「研究計画・方法」欄を読んで，「これなら現実にできそうだな」と思ってもらえるかどうか，フィージビリティが問われているのであり，研究が予定どおり進まなかった場合のシミュレーションを含めて，よく考えられている，説得力のあるものにしていくことが重要です。

準備状況を問う欄についても，同様に説得力のある内容になっているかがポイントです。

・研究種目による様式の違い

研究計画調書については，どの研究種目でも基本的には同じような構成になっていますが，研究種目によって若干異なっている部分があります。表20は，基盤研究A・B・C，若手研究A・B，挑戦的萌芽研究について，計画調書の欄で異なる部分を比較したものです。

例えば，研究計画・方法について，基盤研究A・Bは他の研究種目と比べて分量が多くなっています。このクラスになると，より詳細な説明が求められているということですので，与えられたページ数を満たすように十分丁寧な記述をする必要があります。定められたページ数にも審査する側の意図があるということですから，空白が多いようでは十分な説明ができていないと考えるべきでしょう。

表20 基盤研究，若手研究，挑戦的萌芽研究の計画調書欄の比較

	基盤A・B	基盤C	若手A	若手B	挑戦的萌芽
研究目的	2ページ	2ページ	2ページ	2ページ	1ページ
研究計画・方法	3ページ	2ページ	2ページ	2ページ	2ページ
準備状況・発信方法	あり	あり	あり	あり	なし
研究業績	3ページ	2ページ	2ページ	2ページ	なし
これまでの研究費と成果	1ページ	1ページ	半ページ	なし	なし
経費明細	2ページ	2ページ	2ページ	2ページ	1ページ
独自項目			研究の状況と提案との関連，研究略歴	研究略歴	斬新性・チャレンジ性
総ページ数	16ページ	14ページ	14ページ	13ページ	8ページ

・経費や倫理手続きなど

　さらに，経費の要求が妥当なものであるか，法令や規制に関わるような研究（例えば，プライバシーや個人情報保護に留意が必要なアンケート調査を伴う研究，生命倫理にかかる研究など）において適切な配慮がなされているか，についてのチェックが行われます。経費に関する評定の規定は次のようになっています。

研究経費の妥当性（「研究経費の妥当性・必要性」欄など）
　科研費の効果的・効率的配分を図る観点から，研究経費の妥当性・必要性について，以下の点を考慮し，明らかな判断がある場合は，下記の評定区分により，評定をしてください。
　・研究経費の内容は妥当であり，有効に使用されることが見込まれるか。
　・設備備品の購入経費等は研究計画遂行上真に必要なものが計上されているか。
　・研究設備の購入経費，旅費又は人件費・謝金のいずれかの経費が90％を超えて計上されている場合には，研究計画遂行上有効に使用されることが見込まれるか。

　経費については，すべての研究課題について優劣を評価するわけではなく，「研究計画の内容から判断し，充足率を高くすることが望ましい」場合には

○印，逆に「研究計画の内容から判断し，充足率を低くすることが望ましい」場合には△印，「研究経費の内容に問題がある」場合には×印を付すことになっています。また，△や×の評定を付ける場合には，審査委員には，その判断の根拠をコメントとして記入するように求められています。

　研究経費の妥当性，人権の保護や法令等の遵守への対応等の観点については，総合評点を付す際にはこれを反映しないようになっていますが，その後の合議審査において，ボーダーライン上で甲乙つけ難いような場合では，この点が最終的な採否の判断に影響することになるかもしれません。

　研究経費については大ざっぱになりすぎないこと，法令等の遵守への対応については，自分の研究課題ではおそらく関係ないだろうと思われる場合にも，単に無記入にするのではなく，念のため，「これこれの理由により問題はないと思われる」，「本課題については該当しない」といった丁寧な記述をすることに心掛けることも大切です。また，こうした面にも注意を払うことで，研究計画がいかにきちんと練られているかが伝わり，全体としての印象度がアップするものです。

④合議審査の流れ

　書面審査は，研究種目によって4人または6人の審査委員によって行われ，その結果は細目ごとに一覧表にされ，第2段の合議審査会に付されます。第2段の合議審査は，第1段の書面審査の結果を重視しながら審査を行うことになっているので，一覧表は，総合評点の平均点の高い順に並べられます。総合評点は，5点から1点までが相対評価の評点分布の目安にのっとって付されるので，総合評点の上位の課題には5または4の点が多く付され，最下位の課題にあっては，2か1の点が多く並んでいるといった具合になります。

　ちなみに，審査委員ごとに相対評価の付し方に若干の差異が生じるため，もともとの評点を標準偏差を用いて補正した評点（Tスコア）を用いています。Tスコアは小数点第2位まで出されるので，ボーダーライン上の研究課題についても，多くの課題が同点で並ぶことはなく，わずかながらも得点差が生じることが一般的です。

・書面審査の総合評点がカギ

　合議審査においては，基本的に一覧表の資料に基づきながら検討を行うので，書面審査における総合評点の結果は採否に大きな影響を与えることになります。

　採否のボーダーラインにあたる課題の総合評価の平均点が3.8であるとしましょう。評価の平均点は，Tスコアで示されるので，実際には審査委員ごとに3.69，4.03，…のように小数点の付いた評点が並び，その平均点を出すことになりますが，ここではわかりやすくするために単純化して説明します。

　例えば，4名の評点が，4，4，4，4や5，4，4，3であれば平均で4となりますが，5，4，4，2や5，5，4，1では平均3.75となります。つまり，第1段審査員の4人の審査委員の一人に1や2を付されると，ほかの審査員の評点が比較的良かったとしても，ボーダーラインとなる3.8をわずかに下回り，不利な状況に置かれてしまうこととなるわけです。

　このように，採択されるためには，5や4といった高い評点を取るだけではなく，2や1を付されることを避けることがとても大切になります。

　実際の第2段審査においては，5，4，4，2とか，5，5，4，1といったように，他の審査員に比べて離れた点を付した審査員がいる場合には，その評点を付した審査委員のコメントなどを慎重に検討した上で，これが適切な評点とはいえないと判断された場合には，2や1の評点を3や4に変更するなど評点の修正を行うようにしています。

　しかし，低い点を付した審査委員の意見が不適切なものであるとまではいえないと判断されれば評点はそのままになるので，書面審査ではじめから2や1を付されないに越したことはないのです。

　また，総合評点の基礎になるのは，その前に付ける5つの評定要素の評価になりますし，総合評点が同点や非常に近いような場合には，評定要素の点で比較検討されることもあります。このため，5つの評定要素でも低い評価を付けられることのないように注意しなければなりません。

⑤審査委員の審査の様子を想像してみましょう

　以上のように，科研費の審査では書面審査の点が採否に大きく影響するわ

けですが，ここで改めて審査委員が自分の研究計画調書を審査する場面を想像してみましょう。

第1段の書面審査では，審査員1人が平均して70件以上の研究課題の審査を担当しています。1課題の調書の枚数が14ページ程度だとすると，計1,000ページくらいの書類に目を通すことになるわけです。

ちなみに，応募数の多い細目の場合には，この倍くらいの審査を担当することもあります。1,000ページというと，両面印刷しても電話帳並みの厚さになります。これを，40日間ほどの定められた期間内にすべてに目を通し，評定要素ごとの評価を行った上で，相対評価のバランスも調整し，審査結果を提出しなければならないのです。

科研費の審査委員になったからといって，それぞれの職場での日常的な教育・研究の仕事が免除されるわけではないので，通常は，休日を含めて仕事の合い間をぬって審査することになります。

時間的にタイトな環境と審査の件数を考えた場合，審査委員が1つの研究計画調書を読むのにどのくらいの時間を割いてくれるかは，同じ研究者として自ずと想像がつくのではないでしょうか。

また，細目単位という専門分野の審査委員といえども，その細目の中でのテーマは分かれており，応募されてきた最先端の研究内容のすべてについて，必ずしも熟知しているわけではありません。科研費の研究内容は独創的なものが多く，また，着想のユニークさや異分野との新しい融合がむしろ期待されています。斬新な研究アイデアであればあるほど，審査委員の専門知識の範囲を超えることも出てくるでしょう。

したがって，たとえ少し専門が離れた審査委員に対しても理解してもらえるように説明することが求められるのです。

審査委員の時間的な面と専門性の両面を前提にすると，最も重要なことは，基本的なポイントでも示したように「わかりやすい記述」ということになりそうです。わかりやすいということとレベルが低いということは同じではありません。同時に，難解であることとレベルが高いことも違います。採択されるためには，まずレベルが高い研究計画でなければなりませんが，同時にわかりやすい研究計画となるよう心掛けて記述することが大切なのです。

筆者は研究者ではないので、実際に審査を行った経験はありませんが、仕事柄、審査会にはたびたび同席していました。特に、ヒアリング審査を行うような大型の研究種目では、大規模で最先端の研究計画が提出され、錚々たる研究者が応募者として説明を行いますが、こうした場面でも、筆者のような者でも、ある程度理解できるようなわかりやすい説明のあった研究提案については、専門家である審査委員の評価も高いことが多かったと思います。

　わかりやすい説明を行うためには、研究の背景、取り巻く現状、これまでの研究との関係、研究のねらい、研究成果の応用・発展の可能性などについて、研究者の頭の中できちんと整理されている必要があります。科研費に限ったことではありませんが、競争的資金や様々なプログラムの応募にあたっては、理路整然としたわかりやすい調書の作成に心掛けることが極めて重要なのです。

　わかりやすくするためのポイントについて別の言い方をすると、次のようなイメージになるかと思います。

・斜め読みしてもアイデアが伝わる。概要欄だけでも理解できる。全部読まなくても理解してもらえる。
・専門用語、業界用語を当たり前のように使わない。
・一度読んだだけで、水が上から下に流れるように、ストレスなくスーッと理解できる。
・いきなりミクロの説明ではなく、必要なマクロの説明を盛り込む。ただし、くどくなり過ぎない。
・見ただけで読みたくなくなるようなフォント、体裁にはしない。読みやすい、すっきりした見た目も大切。
・やたら強調の書式を用いずに、ポイントを絞って使う。

・**審査委員のコメントから**
　審査委員が付したコメントを見ると、実際の評価の観点が浮かび上がってくるものが多いと思われます。以下は、ごく一部のコメントの要点のみを例示するものですが、高い評価がなされたケースと、低い評価がなされたケー

スを比べてみてください。コメント例のあとに，筆者の感想を付け加えたので参考にしてください。

高い評価の研究計画に付されたコメント例
▶「申請書は非常に論理的で，研究目的・研究手法も具体的。」
　論理的にわかりやすく記述することが重要です。また，さらに具体性のある記述を盛り込むことによって，審査員にとってもより理解しやすいものになるでしょう。
▶「研究計画の具体性が明確。準備状況も十分で，成果が期待できる。」
　研究の内容だけでなく，そのための準備状況などについても，丁寧に具体的に記述することによって，研究提案に対する信頼性が高まり，応募者の考えるような成果が出るのではないかとの実現可能性への期待が高くなります。
▶「次のステージへの発展，他の分野への応用も明確に示されている。」
　応募者が当該研究だけでなく，その周辺をも見渡して，どのような波及効果をもたらすのかを含めて研究提案していることが高く評価されています。
▶「学術的意義，研究の背景，予想される結果と意義が説得力をもって記載されている。」
　科研費においては，学術的な意義が明確かどうかが特に重要になります。これを含めてきちんと整理して記述されれば説得力のある説明となります。コメントにある学術的意義，研究の背景，予想される結果と意義といった観点は，すべて研究計画調書の記入上の留意事項に示された観点です。応募者が，記入上の留意事項をきちんと守って記述したことによって，説得力のある説明になったことがうかがわれます。
▶「テーマだけでなく研究方法もユニークであり興味深い。」
　科研費では独創性（ユニークさ）も重要な要素ですが，学術研究のユニークさは，研究内容だけではなく，研究の手法なども含めて評価されます。
▶「これまでの研究成果に基づき，さらにその機構の解明に切り込むものであり，意欲的であり学術的意義が高い。」
　これまでの研究成果に基づきながら，そこから学術的な論理や機構を解明することは，学術研究の最大の目的の1つといえるでしょう。また，そうし

たものにチャレンジしようとする強い意欲が評価されています。
▶「研究計画の内容のバランスがとれており，よく練られた研究計画となっている。」

　意欲だけが前面に出て前のめりになってもいけません。実現可能性を含めて研究計画がよく練られたものであるかどうかも重要な評価ポイントとなります。
▶「非常に独創的な仮説を綿密な実験と観察によって解明しようとする優れた研究課題である。」

　学術研究において独創性は重要ですが，独創性と実現可能性は相反する関係にあります。独創的なアイデアを示しながら，その解明をどのように図っていくかについて，綿密な研究計画によって説明している点が優れた研究課題であると評価されています。
▶「この研究の成果は，普遍的なインパクトをもたらすことが期待される重要な課題である。」

　学術研究においては，当該分野の研究の発展だけでなく，他の分野の発展にも大きな影響を与えるものもあります。こうした幅広い可能性について明確に説明していることが高く評価されています。

低い評価の研究計画に付されたコメント例
▶「研究計画が具体性，緻密さに欠ける。」
▶「成功すれば応用的価値はありそうだが，学術的意義の説明が不十分。」

　科研費は応用研究も対象になりますが，単なる応用的な価値だけでは，学術研究として他の研究課題と比較して高く評価されるのは難しいでしょう。応用の観点に加えて，学術的にどのような意味を持つのかを意識した研究が求められるのです。
▶「研究成果がどのように応用に活かされるかの説明が不十分。」

　応用に活かされるかどうかは科研費全般において求められているわけではありません。ただし，研究分野やテーマによっては，その応用可能性が強く期待されることもあり，そうした場合には，応用の観点が不足した研究計画は評価が低くなるケースもあるのです。

▶「類似の研究，これまでの研究との違いが明確でなく，独創性，新規性が見あたらない。」

例えば，はやりの分野であったりすると，同じような研究を競い合うこともあるかもしれません。しかし，そうした場合であっても，自らの研究が他の研究とは異なる点を説明することが大切です。

▶「研究計画の各内容の関連性の説明が不十分。」

研究内容をいくつか羅列するだけでは研究計画とは言えません。提案する研究課題には，研究費の額の多寡によらず全体としてのまとまりが必要です。起承転結，ストーリーを示せない研究計画は魅力あるものとして評価されることはありません。

▶「発想はよいが研究実績から研究計画の遂行に疑問（基盤研究の課題ではなく，むしろ挑戦萌芽研究の課題）。」

科研費にはいくつかの研究種目があります。このコメントにあるように，研究実績が乏しいには，アイデア面だけで基盤研究で採択されるのは難しいかもしれません。一方，挑戦的萌芽研究の場合は，独創性を最も重視するとともに，研究計画調書にも研究実績の記入欄がなく，よりアイデアを重視した研究種目といえるでしょう。より適切な研究種目への応募に留意することも大切です。

▶「提案内容の合理的説明が不十分であり，研究実施の準備段階である。」

科研費の研究計画調書の各欄では，背景，これまでの成果，準備状況，目的，計画内容などを記入するようになっており，これらが適切に記入できない段階でしかないとなると，何回応募しても採択まで至ることはないでしょう。応募にチャレンジすることも重要かもしれませんが，自信を持って応募できるだけの準備を積み重ねていくことが大切です。

▶「提案内容が広範であり，応募の金額，期間で達成できるとは思えない。」

研究内容と研究費の総額や研究期間などとのバランスがとれていないと，計画がよく練られたものとは言えず，フィージビリティの低い計画であると評価されます。こうした点でも，研究計画の妥当性が見抜かれているのです。

▶「応募分野が不適切。」

科研費では，応募者自らが応募分野を選択しますが，応募分野がずれると

いうことは，専門分野が離れた審査委員によって審査されることを意味します。せっかくの研究提案がこうした観点からムダにならないように，応募分野について迷う場合は，KAKENデータベースで過去の採択課題と自分の応募課題を比較するなどして，より適切な応募分野を選択することが大切です。

▶「人権への配慮（動物実験）などの観点について記述がない。」

生命倫理や個人情報にかかる研究などにおいては，そうした点についての配慮が必要であり，関連の記述が求められます。自分の研究内容はそうしたものには関係ないのではないかと考える場合でも，単に記述しないのではなく，念のために，「これこれであるのでこの研究計画については関係しないと考える」といった認識を丁寧に記述するように心掛けることも必要でしょう。

▶「備品の購入（謝金）が90％を占めるが，研究計画との関連について説明がなく，妥当でない。」

審査においては，経費面についてもチェックされます。研究計画の記述に沿った経費の積算が必要で，経費面の整合性が不十分だと，研究計画調書全体の信頼性が損なわれるようなことにつながりかねません。

⑥ヒアリングを行う大型研究種目
・ヒアリングの出来が採否を決定づける

科研費の研究種目の中でも大型の研究種目である，新学術領域研究（新たな領域の提案），特別推進研究，基盤研究Sについては，合議審査でヒアリングが行われます。書面審査の方法も一般的な基盤研究などの研究種目と若干異なりますが，最も大きく異なる点は，ヒアリングに基づく合議審査が採否を大きく決定づけるということです。

ヒアリングを実施しない研究種目については，第1段の書面審査の総合評点がその後の合議審査においても最も重要な判断材料とされます。これに対して，大型研究種目においては，書面審査の結果も考慮されますが，ヒアリング審査が最も大きな判断材料になるのです。

なお，ヒアリングはすべての応募課題に対して行われるのではありません。それぞれの審査会において，書面の審査に基づき，概ね採択予定課題数の2

倍程度にまでヒアリング課題を絞り込むことになります。したがって，まずは書面審査で上位に残れるようにしなければならず，このためには，一般的な研究種目における注意すべきポイントについて，大型研究種目の応募でも十分に留意する必要があります。

　ヒアリングにあたっては，すでに提出してある研究計画調書とは別に，追加の説明資料を使うことができます。一般的には，プロジェクターを使ってパワーポイントの資料で説明する方が多いですが，印刷資料での説明でもかまいません。

・時間配分で失敗しない

　ヒアリングについては時間が決められています。例えば特別推進研究の場合は，応募者による説明10分のあと質疑応答が20分，基盤研究Sでは，説明10分のあと質疑応答が10分となります。説明時間の10分は，大きな研究計画の説明を考えると時間がたっぷりあるとはいえないでしょう。この中で，研究の背景や現状，研究のポイントと学術的な意義，大型研究として行うだけの必要性，学術の世界や社会へのインパクトなどについて，的確に説明しなければなりません。

　説明は決められた10分間という時間を守ることが基本的に大切です。まとめの説明に入っていれば，少々時間をオーバーしても問題ないと思いますが，時間を過ぎても関係なく説明を続けるようではいけません。審査委員側から説明の中止を求められることもあります。説明の途中で終了してしまっては，審査委員に研究計画を適切に伝えることもできません。10分間という限られた時間で何ページのスライドを用いて説明するか，時間配分をどうするか，入念に準備を行うとともに，予行演習を重ねることも必要でしょう。

　説明には起承転結があると思いますが，10分間の説明の中で，前振り部分が長すぎて肝心の研究の核心部分の説明が駆け足になったり，スライドの内容をもれなく説明しようとして時間が足りなくなったりする失敗例がよくあるように思います。研究の核心部分の説明をきっちり行うための時間を確保した上で，前提となる背景や今後の見通しなどの説明に当てる時間を決めるようにしましょう。

・審査委員の構成をイメージする

　ヒアリングの際に特に頭に入れておくべきなのは，審査委員の構成です。特別推進研究の場合，審査会は審査・評価第一部会が担当しますが，分野別に人文・社会系小委員会，理工系小委員会，生物系小委員会の3つに分かれて審査が行われます。[61] このうち，例えば生物系の委員会は，系分野分科細目表の総合生物，生物学，農学，医歯薬学，複合領域の一部を担当することになり，細目数では100を超える広い範囲になります。これに対して，審査委員は平成26年度では17名となっています。[62] このことからおわかりのように，細目レベルの視野で説明するのではなく，分野を越えた審査委員にも理解してもらうような説明が必要となります。

　例えば，基礎医学の免疫学の分野の研究を応募するとしましょう。審査委員の中で基礎医学を専門とするものは1名か2名と想定され，その他の委員は，例えば，植物系の生物学，ゲノム科学，農芸化学，森林科学，薬学，公衆衛生学，消化器内科学，放射線科学，脳神経外科学，呼吸器外科学，歯学，看護学といった専門分野の方々かもしれません。幅広い見識を有する審査委員が担当しているとはいえ，いきなり細目レベルの説明に終始しては，研究の目的や具体的な研究の進め方について適切に理解してもらうことはできないでしょう。

　したがって，こうした審査委員の構成であることを頭に入れ，研究の背景的な部分をどの程度広げて説明すべきかよく考えることが大切です。また，説明に使う用語についても，当然知っていると考えるのではなく，あらかじめ異分野の同僚研究者に確認したりする慎重さも必要でしょう。

　基盤研究Sの場合は，15の審査委員会に分かれているので，特別推進研究よりは専門分野の近い審査委員の構成になっていますが，1つの委員会が担当する範囲は，細目数で見ればおよそ20程度にはなります。したがって，専門の異なる審査委員にも理解してもらえるような説明をする配慮はここで

---

61) こうした情報は，すべて「科学研究費助成事業における審査及び評価に関する規程」に掲載されています。同規程中，別添1・科学研究費委員会組織図を参照。
62) 審査委員の名簿は，審査が終了するとJSPSのウェブサイトで公開されています。
　　https://www.jsps.go.jp/j-grantsinaid/14_kouho/meibo.html

も大切になります。

・ヒアリングの進行をイメージする

　ヒアリング審査に先立ち，審査委員会では，応募された研究課題ごとに担当委員が決められます。審査委員の中で専門の近い者が担当することになります。ヒアリングでは，応募者からの説明の後に，質疑応答の時間がとられます。この際，まず担当委員からいくつかの質問がなされることが一般的です。

　担当委員は，研究計画調書を読み込み，質問すべき項目をピックアップしてきます。専門分野の比較的近い担当委員からの質問は，通常，専門的なものになります。学会などの質疑応答では，回答する側もそのまま専門的に対応していればよいのですが，審査委員会でのやりとりになりますから，他の審査委員にも理解してもらえるようなやりとりになることが望ましいでしょう。

　したがって，質問が専門的であっても，回答する際に少しかみ砕いて，質問の意図や専門用語について簡単に説明してあげたりするなど，専門の離れた審査委員も蚊帳の外にしないような対応が望まれます。こうした対応をとっさにとることは簡単なことではありません。ヒアリングに臨む際の基本姿勢としてよく頭に入れておくことが必要です。

　担当委員との質疑応答に続いて，その他の審査委員を含めた質疑応答になります。ただし，質疑応答の時間も限られているので，担当委員からの質問への回答に時間をかけすぎると，残りの質疑応答の時間が足りなくなってしまいます。審査委員の多くに理解してもらうためには，その他の審査委員からの質問も受けられるように時間を残しておくべきでしょう。

　様々な審査委員から質問が出されるということは，多くの審査委員が理解して関心を持っているという表れでもありますから，そうしたヒアリングにすることができれば成功といえるでしょう。

　また，ヒアリングでは説明者側の人数が定められています。特別推進研究や基盤研究Ｓの場合は，いずれも３名以内となっています。研究計画の内容にもよりますが，大型の研究の場合，研究分担者を置くことが一般的です

から，3名の枠は有効に使ってヒアリングに臨む方がよいでしょう。その際には，分担者を含めて，ヒアリングの対応について十分に打ち合わせをしておくようにしましょう。

・わかりやすい説明

繰り返しになりますが，ヒアリングでは特にわかりやすい説明を心掛けることが大切です。それぞれの審査委員の専門分野とは別の研究提案の説明をいくつか受ける中で，より理解できたものについては，専門外といえども研究について期待が持てるため，採択すべきとの評価もできますが，理解できなかった提案については，責任を持って採択すべきとの判断はしにくいものです。

ヒアリングでは，質疑応答が終わると，説明者を除く審査委員だけで，簡単に意見交換する時間が設けられます。そこでそれぞれの審査委員の大体の評価が決まっていきます。そうした中で，多くの審査委員が理解できた提案については，自ずとポジティブな評価でまとまっていくものです。

(4) そのほかのヒント

①**不採択理由を参考にする**

科研費の採択率は3割に満たないので，残念ながら採択されないことの方が多いのが現状です。しかし，一度や二度ダメでももう一度チャレンジしてみましょう。この場合に参考にしてもらいたいものが，開示される不採択理由です。ヒアリングが行われるような大型の研究種目を除き，一般的な研究種目においては，不採択になった課題の審査結果を応募者本人だけがウェブ上で見ることができるようになっています。

ウェブ上の開示では，まず，応募した研究種目や研究分野の応募・採択の状況が示され，これに続いて個々の応募課題に関して以下の項目が示されます。

(1) 応募された課題の中でのおよその順位
(2) 書面審査の評定要素ごとの平均点と採択された課題の平均点との比較

(3) 審査の際に「不十分」との意見がついた項目
(4) その他，経費や法令遵守の観点で問題がなかったか

この中で，(3) については，20項目ほどに分かれた評定の項目について，4名または6名の審査委員のうち，評点2（やや不十分）や評点1（不十分）を付した委員の人数がわかるようになっています。

これだけでは不採択理由の開示として必ずしも十分な情報量とはいえないかもしれませんが，審査委員がどのような判断をしたかについていくつか知ることができるので，これらの情報を手助けとして，次の応募にあたっては，該当する項目について改善につなげていくようにするとよいでしょう。

②**重複応募，重複採択**

科研費では，基本的に，採択される研究課題は1研究代表者あたり1課題という考え方をとっています。このため，基盤研究Cを同時に2つ実施したり，基盤研究Bと基盤研究Cを同時に2つ実施することはできません。また，基盤研究Cに同時に2つの課題を応募したり，基盤研究Bと基盤研究Cに同時に2つ応募することもできません。

ただし，これについては，いくつかの例外があります。

・**大型研究種目の例外**

大型の研究種目については，採択されなかった場合におけるそれまでの研究の継続性の観点からの問題が大きいので，これを避けるために複数の研究種目に同時に申請することが認められています。入試でいうところのすべり止めと考えてもらえばわかりやすいかもしれません。

特別推進研究の応募者は，基盤研究S・Aをはじめとするほとんどの研究種目に併願することができます。基盤研究Sの応募者については，基盤研究Aとの併願ができます。基盤研究Aよりも小規模の研究種目については，基本的にこうした併願が認められていません。[63]

---

[63] 重複制限の詳細については，公募要領において詳細に示されています。

・最終年度前年度応募

　研究期間が4年以上の研究課題については，最終年度を迎える1年前の年の科研費に応募することが認められています。

　応募した研究課題が採択された場合は，それまでの研究課題はなくなり，新たに採択された研究課題を行うこととなります。応募した研究課題が不採択になった場合には，それまでの研究課題を行うこととなります。

　3年以下の研究課題については，新たに応募した課題が不採択になると，1年間の科研費の空白期間が生じることになってしまいますが，4年以上の研究課題については，この制度を使うことにより，不採択になった場合の空白期間の発生を回避しながら，改めて応募できるチャンスが与えられるわけです。研究の継続性を担保するために，この制度を有効に活用してください。

・基金分の科研費における研究期間の延長

　基金分の科研費については，例えば3年の研究期間の研究課題の場合，3年目に研究費に残額が生じると，次年度に4年目として使用することが認められています。

　基金制度の説明でも触れましたが，「ノーコスト・エクステンション」と呼ばれるしくみです。3年目に次年度の科研費に新たに応募することも可能ですし，その場合であっても，それが新たに採択された場合であっても，それまでの基金分の科研費で残った4年目分については使用することができます。

　競争的資金については，採択されない場合の研究費の確保が大きな問題ですが，基金制度のメリットをうまく活用することにより，不採択になった場合の空白期間の発生の問題を少なくし，研究の継続を図るための自己防衛策をとることも考えていくとよいのではないでしょうか。

③挑戦的萌芽研究

・研究種目の目的を理解する

　挑戦的萌芽研究は，独創的な発想に基づく，挑戦的で高い目標設定を掲げた芽生え期の研究を支援することを目的としており，基盤研究や若手研究な

どの研究種目とは明確に異なる性格を持つ研究種目です。このため，基盤研究S・A・B及び若手研究Aなどの研究種目との重複応募・重複採択が認められるとともに，審査の観点も通常の基盤研究等と大きく異なっています。

基盤研究や若手研究では，応募者が研究期間内に自らの研究を進め，多くの研究成果を上げることが重要とされていますが，挑戦的萌芽研究では，確実に研究成果をあげる可能性の高さを重視するのではなく，その研究が，「リスクは高いかもしれないが斬新なアイデアやチャレンジ性に富むものであるかどうか」を重視して評価するものとされています。

このため，研究計画調書の中に，基盤研究などでは見られない「研究の斬新性・チャレンジ性」というページが設けられています。この中で，研究がどのような点で斬新なアイデアやチャレンジ性を有しているか，新しい原理の発展や斬新な方法論を提案するものであるか，といった点について具体的に説明することが求められています。

また，挑戦的萌芽研究では，研究計画調書に応募者の研究実績を記載する欄がありません。論文などの業績が問われないというと楽なようにも思えるかもしれませんが，逆にいえば，業績で研究遂行能力を示すことができない分，研究計画調書の記述において，専門分野における背景や問題点を十分に把握した上で，よく練られた研究計画になっているかどうかの説明力が問われることになります。

・審査の方式も大きく異なる

挑戦的萌芽研究の趣旨に基づき，第1段審査における評定要素も基盤研究等と異なり，次のように，斬新さやチャレンジ性を重視する内容になっています。

(1)「挑戦的萌芽研究」としての妥当性（「研究目的」，「研究の斬新性・チャレンジ性」欄）
　・明確に斬新なアイディアやチャレンジ性を有する研究課題となっているか。
　・下記のような例示を含め，「挑戦的萌芽研究」としての性格付けが明確に行われており，この種目に相応しい研究課題となっているか。

　　①新しい原理の発見や提案を目的とした研究
　　②学術上の突破口を切り拓くと期待される斬新な着想や方法論の提案
　　③学界の常識を覆す内容で，成功した場合，卓越した成果が期待できる研究
（2）研究課題の波及効果（「研究目的」，「研究の斬新性・チャレンジ性」，「研究計画・方法」欄）
　　・当該分野もしくは関連分野の研究進展に対する大きな貢献，新しい学問分野の開拓等，学術的な波及効果が期待できるか。
　　・将来的に，科学技術，産業，文化など，幅広い意味で社会に与える革新的なインパクト・貢献が期待できるか。
（3）研究計画・方法の妥当性（「研究計画・方法」，「研究経費の妥当性・必要性」欄など）
　　・研究目的を達成するため，研究計画は十分に練られたものとなっているか。
　　・研究計画・方法に照らして，研究期間は妥当なものか。
　　・研究計画・方法に照らして，研究経費の配分は妥当なものか。
　　・公募の対象としていない以下のような研究計画に該当しないか。

　こうした評定要素ごとの絶対評価を4段階で行った後に，総合評価を行うのは通常の基盤研究等と同じですが，総合評価の方法が大きく異なっています。挑戦的萌芽研究においては，審査委員ごとに担当したすべての課題につ

いて4段階の絶対評価で総合評点が付された上で，総合評点の上位25％の研究課題について，さらに2段階の相対評価が付されます。少しややこしいですが，総合評点が2種類付されるということです。

　ここで特に重要なのは，2番目の総合評点です。審査員が上位25％とした課題について，最上位の5％にあたる課題にAAを，それに続く6〜25％の課題にAを付すというものです。そして，第2段の合議審査においては，この2番目総合評価のAAの数を重視し，次にAの数を重視するという形で研究課題の審査結果を一覧にします。したがって，4名の審査委員の評点で，Aを4つ獲得した研究課題よりも，AAを1つだけ獲得した研究課題の方が上位として示されるというものです。

　これは，挑戦的萌芽研究が最も重視する斬新さやチャレンジ性といったものは，必ずしも審査委員の意見が一致しないこともあり，審査委員のうちの1人だけであっても，きわめて高く評価したことを重視するという考え方に基づくものです。イチオシとして推薦する審査委員の目を信じているといえるでしょう。

　なお，1番目の4段階の絶対評価による総合評点は，AAやAの数が同じ研究課題について比較検討する場合などに用いられることになります。

　以上のような挑戦的萌芽研究の性格や審査方法をよく理解した上で，基盤研究や若手研究とは少し違った点にも留意しながら研究計画調書を作成することが大切です。

④特設分野研究

　特設分野研究は平成26年度から創設されたもので，研究費の規模としては，基盤研究B・Cの一部として扱われています。一方，特設分野研究は，通常の基盤研究B・Cの細目では審査が困難と思われる研究課題で，特設分野に関連する幅広い視点から審査されることを希望する応募者を対象とするという趣旨であるため，通常の基盤研究B・Cを含めて，他の研究種目との重複応募・重複採択の制限が大幅に緩和されています。

　特設分野研究の名前のとおり，設定されている分野は限られており，平成28年度には，「ネオ・ジェロントロジー」，「連携探索型数理科学」，「食料循

表 21 特設分野「食料循環研究」の例

分野	内容	分野番号	公開期間
食料循環研究	食料の生産と安定供給とは，人類の生存と繁栄に必須である。人類は，太陽と水と耕地とを利用して，循環する自然を巧みに使いながら，持続的に再生する食料生産を行ってきた。我が国は，太陽にも水にも耕地にも恵まれている。しかし，地球規模での気候変動の影響，異常気象や自然災害，水資源の枯渇，漁場の変調，水産資源の激減など，食料生産を困難にする要因の増加が懸念されている。また，人口の急増は，グローバルにみた食料供給が需要を下回るリスクを増大させている。一方，休耕地の増加などの農業施策の問題，フードマイレージに象徴される流通や販売におけるエネルギー問題，国際関係上の食料安全保障の問題など，食料に関わる国際的および社会的な課題も顕在化してきた。 　食料は，我が国から動くことのない耕地と水資源などによる安定生産が前提となる。しかし，今や，食料生産を困難にする要因の研究をはじめ，耕地や水資源の利用，飼料を含む食料生産の実際と潜在的な生産力に関する学術研究が必要とされている。例をあげれば，森林，耕地，河川，湖沼，そして海を一体とした物質循環に関する研究，土壌の質を確保する水と森林がもたらす有機・無機物質の循環等の研究や，動植物・昆虫・微生物等の食料生産環境での役割等の研究がある。また，循環からだけでは不足する窒素をはじめとする肥料の持続的供給手段の開発や，自然の循環を断ち切ってしまう可能性のある農薬をはじめとする諸要因のフィールドでの複合的研究や，諸分析を実験室に移した研究等，さらなる研究がある。 　他方，食料生産と供給にかかわる課題として，食料需給に関わる国際関係や，国内の法的制度の課題として，耕地権や水利権，農業経営などに関する社会システムの学術的な研究がある。また，食料の価格維持や生産調整などの政策や，それに関連した備蓄の方法とそれを管理調整する行政などの課題にも学術的関心が深まっている。 　本特設分野は，食料生産に関わる植物，動物，微生物の生命活動の研究と，それを育む自然環境を長時間軸での物質循環システムとして捉えなおす農林水産生態学をはじめとする，自然科学分野および環境学分野と，食料供給システムの実態を研究する社会科学分野の研究者とが一堂に会することが出来る，新たな研究分野である。	N003	平成26年度〜平成28年度

環研究」，「紛争研究」，「遷移状態制御」，「構成的システム生物学」，「グローバル・スタディーズ」，「人工物システムの強化」，「複雑系疾病論」の 9 つの分野が設けられています。

それぞれの分野については，公募要領においてその内容が示されています。

・既存の細目でも審査できるものは対象外

　特設分野研究の審査における評定基準の中では，「未開のまま残された重要な分野，技術の長足な進歩によって生まれつつある分野，分野横断的な研究から生まれることが期待される分野として応募された研究課題が対象となる」とされており，これが特設分野研究の基本的なコンセプトといえるでしょう。

　また，通常の基盤研究等との重複応募・重複採択が認められていることからしても，通常の基盤研究等に応募できるような課題については，対象とみなされていないという点に注意する必要があります。通常の基盤研究等に応募できるかできないかについては，あくまで審査委員の判断になるので，明確な基準により振り分けられるわけではありませんが，例えば，通常の基盤研究で，ある細目を選択することで十分審査の対象になり採択されうるような研究課題については，特設分野研究の趣旨に合致しないとみなされるということです。

　したがって，それぞれの特設分野の内容を理解した上で，関連する細目への応募とは異なる点について強く意識して研究計画を立案することが大変重要になります。これらの観点については，研究計画調書においても特別の記入欄が設けられており，その記入上の留意事項の説明においてもこの点が強調されています。

・審査の進め方をイメージする

　特設分野研究については，分野ごとに審査委員会が設けられており，それぞれ8名程度の審査委員が配置されています。いくつかの細目にまたがるような複合的なテーマであるので，審査委員もそうした幅広い分野の方々が集まっています。さらに，通常の基盤研究等とは異なり，第1段の書面審査と第2段の合議審査は同じ審査委員によって行われます。

　こうした審査委員会をイメージすると，大型研究種目のヒアリングの際と同様に，専門が近くない審査委員に対しても理解してもらえるような，わか

りやすい説明を行うことが重要だといえるでしょう。

　特設分野研究は，分野ごとの採択件数が30件以内と限られており，これまでの実際の採択件数はおよそ20件から30件ずつになっています。これに対して10倍を超える応募がある分野もあるため，第1段の書面審査においては，第2段の合議審査に残す課題の絞り込み（事前の選考）が行われます。

　事前の選考においては，研究計画調書の冒頭にある「研究計画調書（概要版）」の部分が用いられます。したがって，まずこの事前の選考に残るためには，研究計画調書の概要版の部分についても手を抜くことなく，幅広い審査委員に対して理解してもらえるよう，よく練ったものにすることが大切です。

　なお，特設分野研究では，基盤研究Bと基盤研究Cを区別せずに審査することになっています。それぞれに採択目安の枠が設定されているわけではないので，基盤研究CとBの間に採択率などの面においてハードルがあると考える必要はなく，逆に，基盤研究Cであれば採択されたかもしれないというわけでもありません。提案する研究課題に必要とする研究費の総額がいくらになるかに従って応募すればよいでしょう。

⑤女性研究者

　ここで女性研究者をあげたのは，特に出産や育児で研究活動に中断があった方々を想定したものです。

　出産や育児によって，通常の科研費の応募ができなかった研究者を対象に研究活動スタート支援の研究種目が特別に設けられています。この研究種目については，このほかにも，4月に新たに採用されたり海外から帰国した研究者など，新たに科研費の応募資格を取得した者が対象者に含まれており，実際には，これらの者の人数の方が多く，出産・育児によるものは5％未満となっています。

　これらの応募課題はまとめて審査されることになります。

　この研究種目の研究計画調書には，通常の基盤研究等と同様に研究業績を記載する欄がありますが，出産・育児によって研究中断のあった研究者は，どうしても直近の論文などの業績が乏しくなります。審査委員がこうした事情に気がつかずに審査を行うことも考えられるので，業績欄などに出産・育

児による研究の中断期間について触れておくとよいでしょう。

この点については，研究活動スタート支援に限ったことではなく，通常の基盤研究や若手研究などの研究種目に申請する際にも，同様に触れておくとよいと思われます。

6章
科研費の研究成果

　今日ほど,「成果」ということが求められる時代はなかったのではないでしょうか。研究の世界でも同様で,様々な場面で「研究成果」が求められるようになっています。一口に研究成果といっても,いろいろな観点から使われているので,少し整理してみましょう。

（1）研究の結果としての論文

　大学などにおける学術研究の世界では,研究成果といわれる場合,第一にはむしろ研究の結果（output）の意味で使われることが多いようです。科研費による研究の結果は,一般に論文という形でまとめられ,発表されることになります。ですから,優れた論文を出すことが優れた研究成果があったということになるわけです。

　人文学や社会科学の分野においては,さらに,それまでの論文などの成果を「本」という形でまとめるという集大成を行ってはじめて本当の意味での研究成果と考えることもあるようです。

　科研費では,研究費の助成を受けた研究代表者は,毎年度,1年間の研究実績を報告することになっていますが,この中で,発表した論文についても報告することになっています。平均すると,1研究課題あたり2～3件ほどの論文が発表されていますが,研究課題の分野の性格や研究課題の規模などによって一様ではありません。例えば,材料分野の研究においては発表論文の数が多い傾向があるとされています。

　最近,大学等における研究者の評価の一環として,発表した論文数が指標

の1つとされることがあるようですが，こうしたことが，論文の取りまとめをあわただしくさせたり，1つひとつの論文がややこま切れ的なものになってしまうという弊害をもたらしているとの意見もあります。

論文の被引用数

　論文という研究成果については，どのくらい論文を出しているのかという数のほか，論文の質はどうなのかについても問われなければ意味がありません。論文の質について一律に評価することは容易ではありませんが，実際には，いくつかの方法でこれが行われています。

　その1つが，論文の被引用数です。科学研究は，世界中の研究者によって行われています。特に自然科学分野の研究は，まさにグローバルに行われており，多くの論文が英語という共通言語で流通しています。そして，それぞれの研究者の研究成果は，また別の研究者の研究にもつながり，科学の発展として積み重ねられていきます。その際，元となる論文の引用が行われ，優れた内容の論文に関しては，多くの研究者の論文で引用されることになります。その数が被引用数です。したがって，一般に，被引用数が多い論文ほど質の高い論文とされているわけです。

　ただし，論文の被引用数については，注意しなければならない点がたくさんあります。まず，研究分野によって，論文の引用状況はかなり異なるので，分野の異なるすべての論文を被引用数で単純に比較することはナンセンスだということです。また，引用されるまでに時間がかかる分野もあります。例えば，数学分野では，引用されるまでに何年もの時間がかかることもあり，ほかの分野に比べて引用数も少ないとされています。

　また，同じ分野の中でも，はやりの研究テーマについては引用されることが多くなるでしょうし，逆に，どんなに優れた研究でも，まだ注目している研究者が少ないような研究テーマだと引用されにくくなります。このように，被引用数だけで論文の質を単純に比較することはできないのです。

　多くの研究者による大型の共同研究の場合，その論文については引用されることが多くなるということもあります。さらに，大型の共同研究を行っている場合に，それぞれの研究者が論文を発表する際に，お互いの論文を引用

しあうことによって被引用数が増えるということもあるようです。また，論文の問題点が批判的に取り上げられ引用されることもあるので，引用の内容についても留意する必要があるわけです。

ジャーナルのインパクト・ファクター

　もう1つは，学術誌（アカデミック・ジャーナル）のインパクト・ファクター（IF）です。研究者は，自分の論文を，様々なジャーナルに投稿し，審査（査読）を経て掲載されることになります。審査の結果，掲載されないものも当然出てきます。査読のないジャーナルもあるようですが，質の高いジャーナルでは査読の手続きを経ることになります。

　世界中に多数のジャーナルがありますが，それぞれの分野でジャーナルごとの格のようなものが形成されています。格上のいわゆる有名ジャーナルに論文が掲載されることは，業績が高く評価されることに等しいので，研究者はなるべく格上のジャーナルに投稿したくなるわけです。インパクト・ファクターは，こうしたジャーナルの格付けのようなもので，ジャーナルごとの論文の平均の被引用数で示されるものです。

　インパクト・ファクターは，トムソン・ロイター社が，主なジャーナルの引用文献をデータベースにしたWeb of Science（WoS）を用いて，ジャーナルごとに論文の被引用数の平均値から算出しています。例えば，IFが5のジャーナルであれば，このジャーナルに過去2年間（2年～3年前）に掲載された論文が，ある年（過去1年）に平均して5回，他の論文で引用されたということになります。したがって，インパクト・ファクターの値は毎年発表され，年によって少しずつ変化しています。

　ちなみに，*Nature*, *Science*, *Cell* といったいわゆる有名ジャーナルはIFが30以上といった具合であり，一般にIFが5以上であれば，十分優れたジャーナルに入るとされているようです。

　掲載された個々の論文が実際に引用されるまでには，ある程度の時間がかかるので，まずは，インパクト・ファクターの高いジャーナルに掲載されたことをもって，その論文の質が高い（であろう）と評価されるということになるわけです。このように，研究者としては，どのジャーナルに掲載された

かは，自らの業績を説明する上で事実上1つの重要な要素となっており，できるだけインパクト・ファクターの高い有名ジャーナルに掲載されたいということになるわけです。また，ジャーナルの表紙を飾るということも，優れた研究であることのわかりやすい説明の1つになっているようです。

一方で，インパクト・ファクターについては，いくつかの問題点も指摘されています。

まず，IF自体は個々の論文の評価とは異なるということです。IFが高いジャーナルに論文が掲載されたとしても，その論文が実際に引用されるかどうかは別問題です。また，ジャーナルの中でもごく限られたいわゆるスター論文がずば抜けて多く引用されることによってIFを高めるといったこともあります。

また，IFの算出には，直近の短い期間の引用実績のみが使われるため，例えば，長年にわたって引用され続けるような息の長い優れた論文の被引用状況は反映されていないということもあります。

いずれにしても，個々の研究者や論文の評価を行うにあたって，インパクト・ファクターに重きを置き過ぎることは避けるべきでしょう。また，分野によって引用の状況は異なるので，異なる分野のジャーナルや研究について，インパクト・ファクターで比べて優劣を判断することもナンセンスです。

(2) 論文のオープン・アクセス化

昨今，論文のオープン・アクセス化（OA化）について話題になることが多くなっています。

論文のOA化とは，わかりやすくいえば，インターネットを使って誰でも自由に無料で論文にアクセスできる状態にするということです。OA化の背景には，インターネットの普及といった技術的な進歩によって，それが可能になっているということもありますが，ジャーナルの購読料が年々値上げされており，研究者の論文へのアクセスにも支障が生じているといった切実な問題や，公的研究費による研究成果は広く社会に還元すべきであろうという時代の要請なども絡んでいるのです。

オープン・アクセス化の方法

論文をOA化するにはいくつかの方法があります。

1つは、掲載料（APC[64]）を支払ってOA化するというものです。一般にジャーナルを刊行するためには、査読、編集、出版を含め、様々な経費が必要になります。これは商業誌でも学会誌でも基本的に同じです。これまでは、こうした経費を購読料または学会費といった形で賄っていたジャーナルが多く、これは購読者側が経費を分担することによる運営モデルといえます。

これに対して、最近では、投稿者の側からAPCを徴収することによって運営するジャーナルが出てきています。この中には、ジャーナルに掲載されるすべての論文の著者からAPCを徴収することによって、ジャーナル全体をはじめからOA化する（ジャーナルが発行されると同時にインターネットで誰でも無料で論文にアクセスできる）ものと、ジャーナル自体はこれまでのような購読料を必要とするモデルとしながら、APCを支払った論文に限ってはOA化するというものがあります。前者についてはゴールドOA、後者はゴールドOAの中でも特にハイブリッドOAと呼ばれています。

なお、ハイブリッドOAの場合、ジャーナル側は、購読者からの購読料に加えて、投稿者からのAPCの収入もあるという、一種の二重取り状態にあるとの批判があります。いずれにしても、これらのケースにおいては、論文を投稿する側に経済的負担がかかることになります。APCの額については、ジャーナルによって様々ですが、高いものだと1論文あたり数十万円にもなるケースもあります。

OA化のもう1つの方法は、自らインターネットで公開するというものです。

自ら公開するといっても、ジャーナル側の著作権の問題があり、自分の論文であっても勝手に公開できるものではありません。一方、世界的にOA化が進展する流れの中で、現在、購読料をとるジャーナルであってもその多くにおいて、発行から一定期間（エンバーゴ）を過ぎたのちに、著者が論文をインターネットで公開することを認めるようになっています。

---

64) Article Processing Charge の略。

こうした形でのOA化はグリーンOAと呼ばれています。公開の手段としては，研究機関などに設けられている機関リポジトリを活用するもの，あるいは研究者自らのホームページで公開するセルフ・アーカイブによるものがあります。ジャーナルの定める期間（エンバーゴ）としては，6か月から1年とするものが多く，また，公開する論文の形態は，ジャーナルの論文のコピーそのものでなく，著者の最終原稿とするジャーナルが多いようです。内容的には同じものになりますが，レイアウトなどを含めて実際に発行されたジャーナルのページの著作・編集権に対しては厳格に扱われているのです。

グリーンOAの場合は，一般的な有料のジャーナルに掲載されたものであっても，投稿する側の大きな経済的な負担なしに論文をOA化することが可能になります。ただし，リポジトリへの掲載やジャーナル側のOA化に関する規程の確認など，一定の手間はかかることになります。

このほか，APCを必要としない無料のオープン・アクセス・ジャーナル，各大学の紀要のうちインターネットで公開されているものなどへの掲載も，論文のOA化の手段となります。

科研費論文のオープン・アクセス化

論文のOA化は，すでに世界的な流れになっており，また，一定期間（エンバーゴ）の後にグリーンOAを認めているジャーナルの普及によって，OA化に研究者側の新たな経済的な負担を要しなくなったことから，科研費による研究論文についても，平成27年度からOA化を進めてもらうこととなりました。

日本学術振興会では，科研費論文のオープン・アクセス化についてのリーフレットをすべての研究課題の研究代表者に配布して周知を図るとともに，科研費のウェブサイトには次のようなFAQが設けています。

Q　オープンアクセス化を進めるようリーフレットが配られましたが，オープンアクセス化が義務化されたのですか？

A　オープンアクセス化をめぐる世界的な動きや，オープンアクセス化のメリットなどを踏まえて，科研費の助成を受けた研究の論文についてもオープンアクセス

化を進めることが望ましいとの判断から，オープンアクセスにかかるリーフレットを配付し，オープンアクセス化を推奨しています。義務化ということではありませんが，アカデミアとして研究者自ら進めていただくことが大切だと考えます。

Q　オープンアクセスジャーナルに論文を投稿・掲載することが望ましいということでしょうか？

A　リーフレットでも述べられていますが，どのジャーナルに論文を投稿・掲載するかについては，研究者自身の判断によるべきものです。したがって，できるだけオープンアクセスジャーナルに論文を掲載することが望ましいということではありません。

Q　オープンアクセス化のための投稿料・掲載料を，科研費の直接経費から支出することはできますか？

A　科研費ではこれまでも「学会誌投稿料」を直接経費から支出することを認めています。これと同様に，オープンアクセス化のための投稿料・掲載料についても直接経費から支出することができます。

Q　オープンアクセスにするには投稿料や掲載料が必要となり，科研費の研究費が圧迫されてしまうのですが？

A　リーフレットでも述べられていますが，オープンアクセス化の方法には大きく分けて二つの方法があります。投稿料や掲載料が必要となるゴールドOAと呼ばれる方法もありますが，掲載料を必要とせずに，ジャーナルに掲載して一定期間が経った後に機関リポジトリなどで公開するグリーンOAと呼ばれる方法もあります。研究者自身の判断で無理のない方法でオープンアクセス化を進めていただきたいと思います。

Q　研究者は必要なジャーナルは購読しているので，オープンアクセスにするメリットは少ないのではないでしょうか？

A　確かに，多くの研究者の方々は，関連分野のジャーナルについてはすでに購読されていると思います。一方，ジャーナルの購読料の高騰により，一部の関連ジャーナルが購読しにくくなっているとの声も聞きます。様々な論文がオープンアクセス化されていれば，研究者自身の専門分野に限らず，購読していないジャーナルに掲載された論文にもアクセスできるようになり，研究の幅を広げることにもつながるでしょう。さらに，研究者以外の方々のアクセスも可能となるなど，オープンアクセス化のメリットは大きいと思われます。

Q　リポジトリへの登録とありますが，どのようにすればよいのでしょうか？
A　現在，多くの大学等において，機関リポジトリが設けられています。リポジトリへの登録の具体的な方法については，各機関の図書館などの関係部署にお尋ねください。また，ジャーナルごとに，オープンアクセス化についてのポリシーが定められていますので，それに従ってリポジトリへの登録を行うようにしてください。

　リーフレットやFAQの中でも触れられていますが，論文のOA化は，途上国を含めた世界の研究者の論文へのアクセスを容易にするというメリットだけでなく，例えば，普段購読することのない異分野のジャーナルの論文にも容易にアクセスできるようになり，分野融合研究の面でもメリットがあります。また，少し古いデータになりますが，OA化によって論文の被引用数が2.5～5.8倍に増えるといった分析[65]もあり，研究者自らにもメリットがあると考えられます。

（3）成果の社会への発信

　科学が社会に与える影響はどんどん大きくなっています。このため，研究の成果については，研究者コミュニティに対してだけでなく，社会に対しても発信することが求められています。特に，科研費のように，公的な資金でまかなわれている研究においては，研究成果の社会への発信・還元は大切です。

KAKENは大きな社会への発信

　論文のオープン・アクセス化が進めば，研究者に限らず誰でも論文にアクセスすることは可能にはなりますが，英語で書かれた論文がそのまま公開されていても，一般社会の人にとっては，あまりにも専門的すぎてわかりにくいものでしかありません。

---

[65]「同一ジャーナルに掲載されたオープンアクセス論文と非オープンアクセス論文のインパクトを比較する」*D-Lib Magazine* 2004年6月号
　http://www.nii.jp/metadata/irp/harnad/

一方，科研費では，毎年度の研究実績を報告するようになっていますし，1つの研究課題が終了すると，研究成果報告書としてまとめることになっています。研究成果報告の中では，研究の背景，目的，方法，成果，発表論文などについて，数ページほどで取りまとめるようになっています。研究実績報告書や研究成果報告書は，すべてKAKENデータベースで公開されており，インターネットで誰でも見ることができます。

　KAKENデータベースでは，フリーワードでの検索も可能になっているので，あるキーワードで検索をして，研究成果報告書で概要を調べることができます。これを活用すれば，例えば，企業関係者が自社の関心のあるキーワードで検索して，関連する科研費で行われた研究を絞り込むことができます。

　試しに，「iPS and 創薬」で検索すると217件，「量子 and 高速 and 半導体」で検索すると1,075件ほどがヒットしました（平成27年10月現在）。ここで研究の概要を見ることができるので，その中から，さらに会社の関心事項と近い研究を行っていそうな研究者を見つけ出すようなこともできるでしょう。

　研究成果報告書は，毎年，何万件という形で増え続けているので，KAKENデータベースを利用して日本の研究者の最新の研究動向をつかむことができます。

より親しみやすい成果の発信を

　一方，研究成果報告書の内容は，まだまだ専門的で難しいものが多く，一般の国民向けには，よりわかりやすい形での成果の発信が求められています。

　このため，科研費に関しては，年に4回「科研費NEWS」が発行され，人文学・社会科学から，理工学，生物・医学系まで，一般の方々にも親しみやすそうであったり，国民生活にも関連しそうなテーマの研究がいくつか紹介されています。これは，全国の図書館などで閲覧できるほか，科研費のウェブサイトでも見ることができます。[66]

　編集にあたっては，日本科学未来館の科学コミュニケータの協力を得て，

66）http://www.jsps.go.jp/j-grantsinaid/22_letter/index.html

記述をよりわかりやすいものにする工夫も行われています。

　筆者は仕事柄大学の研究現場を訪ねることがあり，各大学イチオシの研究者から説明を伺うことが多くありました。その際，思ったのは，こうしたいわばスター研究者であっても，必ずしも自分の研究の内容についてわかりやすく伝えることがうまくないということです。もちろん，聞く側にあまりにも知識がなさ過ぎるという問題もあったでしょうが，いずれにしても，興味深い研究をされているのに，それがうまく伝わらないとすればたいへんもったいない話だと思います。

　研究者は，学会などにおいて，日常的に研究の説明（発表）を行っているわけですが，こうした研究者同士の集まりではなく，素人を相手に説明することは日常的に行っているわけではありません。こうしたことから，アウトリーチ活動（一般の市民向けの講演や対話を行う活動）の重要性が指摘されています。

　どんなに専門的で難しい研究であってもオモシロイところがあるわけで，それは，素人である一般の方々にもわかってもらいたいではありませんか。この点をうまく説明するためには，相手は専門的なことはほとんど知らないということを前提としつつ，専門的なおもしろさを伝える必要があります。

簡単にはできないことですが，伝え方には大いに工夫をこらして頭を使ってもらいたいものです。

　大学に要人が研究室の視察に来たときでも同じです。その要人自身が同分野の専門家でもないかぎり，いきなり研究の説明に入るのはいけません。限られた視察の時間の中で，研究の背景となる世の中の状況，解決すべき課題，研究のポイント・おもしろさ，研究成果が活用される場合のイメージといったことを，ひととおり盛り込むことが重要です。そして，その要人が「なるほど」と理解してくれれば，その研究のファンになるでしょう。

　また，こうした説明ができるということは，研究者自身の頭の中で，いろいろなことが整理されており，研究の視野が広いということにつながっているように思います。逆に，うまく説明ができないとすれば，失礼ながら，タコツボ的で研究の視野が狭いということになるかもしれません。科研費の獲得を目指したヒントのところでも指摘しましたが，こうしたわかりやすい説明は，科研費の応募書類やヒアリングでの説明でも大切になります。

　ちなみに，早口の説明もよくありません。時間が限られている中で，たくさんのことを伝えたいと思われるのでしょうが，専門的な知識がない者は理解に時間がかかるので，早口だと理解が追いつきません。相手の側に立った心配りが必要ということです。

　また，例えば，生物系の研究では，メダカ，シロイロナズナ，ホヤ，イモリなどが研究材料となることがあります。これについても，多くの一般人は，ファーブルがセミやフンダマコロガシを研究したように，その研究者の趣味でメダカの研究をしていると思うかもしれません。なぜ研究材料としてメダカ，シロイヌナズナ[67]を使うのかといったこともちょっと説明すると，たと

---

[67] 分野違いの方々のために，筆者の知る限りで説明すると，次のような理由があるそうです。「動物でも，人間を含む脊椎動物の研究を行うためには脊椎動物を実験材料にする必要があり，マウスの実験もこの一つであるが，多くの実験用マウスを飼育するのは容易ではない。この点，メダカはマウスよりもサイズが小さい，世代交代の成長のサイクルが短い，ゲノム情報のサイズが小さい，人間の病気と同じ変異体もあるなどのことから，実験動物として注目されている。また，シロイヌナズナは，成長のサイクルが短い，小さいので室内で栽培しやすい，ゲノムサイズが小さいなどのことから，モデル生物として植物系の研究材料になっている。こうした共通の研究材料を多くの研究者が用いることで，研究成果の普遍性が増すことになる。」

え難しい研究の中身については理解できなかったとしても，このことだけでも研究の世界が少しわかった気分になるものです。

　ホヤやイモリにしても，他人が研究していない変わったものが好きで研究しているわけではなく，脊椎動物への進化を研究するのにちょうどよい対象がホヤであったり，体の一部を切っても再生してくるイモリが発生や細胞の再生の研究を行うのに適しているからだということがわかれば，それだけでも，難しい研究が身近に感じられ，おもしろく感じてもらえるはずです。

ひらめき☆ときめきサイエンス

　科研費の研究を通じて子どもたちに科学研究の面白さを知ってもらうアウトリーチ活動として，「ひらめき☆ときめきサイエンス事業」が行われています。

　企画と実施は科研費によって研究を行っている研究者が行うもので，日本学術振興会から若干の支援が得られるしくみです。内容は様々で，大学の研究室でDNAの解析などの高度な研究体験をしてみるものや，屋外に出て動物の生態を観察するフィールド調査の体験をするもの，古い書籍の修復や保存から文献のおもしろさを学ぶものなど，とてもバラエティに富んでいます。

　年に300ほどのプログラムが全国で開催されており，毎年，数千名の小中学生，高校生，その保護者などが参加しています。

　毎年度，プログラムの日程と内容が科研費のウェブサイト[68]に出ているのでご覧ください。

（4）研究成果と社会・経済の発展

　様々な研究の成果は，科学の発展に寄与するだけでなく，社会や経済の発展につながっています。科学技術による発展を目指す日本にとって，研究の成果をいかに社会や経済の発展にうまく結び付けていくかが重要な課題となっています。このため，科研費による研究が産業発展の観点から成果

---

68) http://www.jsps.go.jp/hirameki/index.html

（outcome）をあげているかという問われ方がされることがあります。

　これまでにイノベーションをもたらしてきたような技術の根本に，科研費による基礎的な研究の成果があった例は枚挙に暇がありません。科研費NEWSやパンフレットでもその一部が紹介されています。

　例えば，垂直磁気記録方式の小型大容量のハードディスクドライブは岩崎俊一先生の研究が元になっていますし，ノーベル賞を受賞された白川英樹先生が発見された導電性ポリマー（電気を通すプラスチック）はスマートフォンやパソコンなどの欠かすことのできない部品の一部になっています。このように製品化・産業化したものについて経済波及効果を試算することは可能かもしれませんが，一般的に科研費制度全体と産業発展の関係について，直接的・定量的に因果関係を説明することはたいへん難しく，正直，不可能だと思われます。

　様々な意見の中には，「科研費のこれまでの助成額に対してどれだけの投資効果，経済波及効果があったのか」といった問いかけがなされることもあるのですが，こうした問いかけ自体がそもそもナンセンスだと考えるべきでしょう。さらに，このような問いかけに対して定量的な説明ができないことをもって，投資効果を説明できない施策であるといった短絡的な評価をする向きもありますが，たいへん軽薄な見方であるといわざるを得ません。

　そもそも科研費が対象としている，研究者の自由な発想に基づく研究というものは，そうした学術研究の積み重ねにより，日本の国全体，あるいは人類社会の知的レベルの向上をもたらすものです。経済・産業への貢献は，その中からむしろ自然かつ派生的に生じているのです。科研費を含む科学への投資は，人類社会の発展への投資であり，単なる経済的な発展への投資ではないはずです。

　一方において，公的な制度である科研費が，科学研究を振興していくという観点に立って，果たして効果的・効率的に機能しているかについて，定性的，定量的のいずれの面においても，チェックの精度をあげていく努力を行っていくことは重要でしょう。この点に関しては，科研費による研究論文の引用状況の分析結果について後述しているのでご覧ください。

第2部

研究をめぐる状況

7章
世界の論文を比較する

　科学研究の分野では，世界的な競争がますます激しくなっています。こうした中，トムソン・ロイター社やエルゼビア社といったジャーナルに関わる民間の会社が，世界中の主要な論文に関し，それぞれ Web of Science や Scopus といったデータベースを開発して運用しています。世界的な競争環境の中，論文の分析がビジネスとして成り立っているわけです。大学を含む研究機関や科学技術行政の現場においても，これらの民間のデータベースをもとにした分析が用いられることが多くなってきました。

　科学技術・学術政策研究所（NISTEP）でも，トムソン・ロイター社の Web of Science を用いた分析が行われています。これによると，論文の発表の全体の状況，そのうち質の高い論文であることを意味する被引用数の多い方からトップ10％の論文の状況とも，国際的に比較すると，日本の状況は芳しくないとの結果が出ています（NISTEP「科学研究のベンチマーキング2012」）。

　こうした中，科研費予算を増やしてきたのに論文での成果が出ていないのではないかとの問題を指摘する意見もあります。これについて，直接的な因果関係を検証することは難しいですが，まずは幅広く関係のデータを見ていきましょう。

（1）世界の論文の国別シェア

国別論文の2種類の数え方の違い
　図27は，過去30年ほどの被引用数でトップから10％に含まれる論文，

すなわち、質の高い論文を出している国別の論文シェアの推移を表したものです。2つの似たグラフがありますが、論文の国別のカウント方式の違い（整数カウントと分数カウント）によるものです。

まず、整数カウントで見ていきます（図27）。これを見てわかるように、ここ10年ほどで、中国が急激に研究力をつけてきており、2006年頃に日本のシェアを一気に追い抜いています。アメリカは別格（右軸で表されている）ではあるものの、そのシェアは長期的に右肩下がりになっています。日本も1999年頃をピークとして右肩下がりに転じています。これに対して、英国、ドイツ、フランスは、右肩上がりを維持し続けています。こうした分析から、日本の研究力は先進国の中でも芳しくない状況にあると見られているわけです。

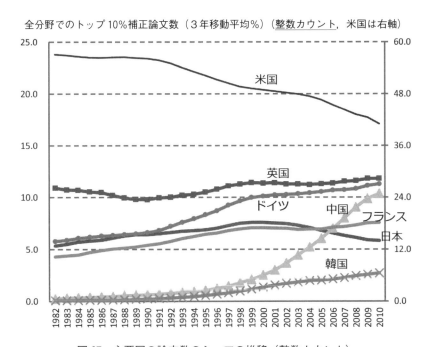

図27　主要国の論文数のシェアの推移（整数カウント）
出典：「科学研究のベンチマーキング2012」（科学技術・学術政策研究所），図表29　研究活動の量的・質的指標（全分野）

関与度を表す整数カウント

　整数カウント方式では，1つの論文を複数の国の研究者[69]が共同で執筆した場合，それぞれの国で「1」とカウントします。例えば，1つの論文を4か国の研究者が共同執筆すると，各国で1論文ずつとカウントされるので，計4回カウントされることになります。したがって，国際共同研究の比率が高い国は，整数カウントでは論文数が多くなる傾向にあるわけです。

　整数カウントでは，1つの論文を4つの国の研究者が共同執筆した場合であっても，1つの論文を1つの国の研究者が執筆した場合であっても，その国の論文としていずれも「1」とカウントされるため，整数カウント方式は，論文に対する国ごとの「関与度」すなわち，その国の研究者が論文に関与しているか否かを表しているといわれています。

貢献度を表す分数カウント

　これに対して，図28は「分数カウント」で表したものです。分数カウントでは，1つの論文を4つの国の研究者が共同執筆した場合，それぞれの国で「1/4論文」とカウントされ，1つの論文を1つの国の研究者が執筆した場合（単独執筆でも共同執筆でも同じ）は，「1論文」とカウントされます。このため，分数カウント方式は，論文の発表に対する各国の「貢献度」を表しているといわれます。

カウント法で欧州各国が大きく違ってくる理由

　分数カウントでも中国の伸びは大きく，日本を追い抜いている状況は同じですが，整数カウントでは落ち込みが見えなかった英国やフランスも右肩下がりになり，ドイツもあまり伸びていないことがわかります。

　整数カウントと分数カウントで，特に欧州においてこうした違いが見られるのは，欧州において大きな位置を占めるようになっているEUの研究費助成プログラムにおいて，複数国による共同研究が助成の条件とされていることが影響していると考えられます。

---

[69] ここでの研究者の「国」の考え方は，国籍ではなく，研究者の属する大学・研究機関の所在する国とされています。

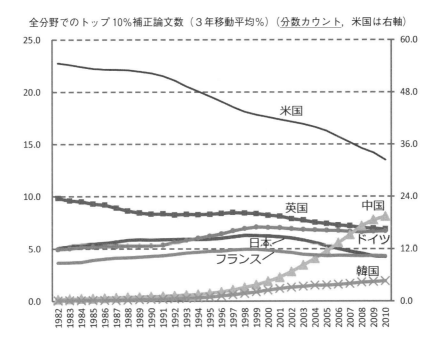

図 28　主要国の論文数のシェアの推移（分数カウント）
出典：「科学研究のベンチマーキング 2012」（科学技術・学術政策研究所），図表 29　研究活動の量的・質的指標（全分野）

　すなわち，EU からの研究費で行われる研究の論文では，すべて複数の国の研究者による共同執筆の形になるので，実際には 1 つの論文であっても，整数カウントの場合ですと参加するすべての国でそれぞれ 1 論文とカウントされるわけです。分数カウントでは各国で 1 ずつにはなりませんから，その差がグラフの傾きの差に現れたということです。
　さて，分数カウントでも，日本の状況は決して好転するわけではなく芳しいとはいえませんが，各国を比較してより正確な分析を行うためには，分数カウントの方が比較的正確に状況を表しているといえるでしょう。この種の論文数の分析は，「整数カウント方式」で行われることも多いので，論文数の比較分析にあたっては，カウント方法などの点についても注意する必要があるでしょう。

（2）論文数と研究者数，科学技術予算との関係

アウトプットとインプット

　論文数の面で，日本の相対的な地位の低下が見られることは確かですが，これはアウトプットの側から見た分析になります。グローバルな競争の中，日本の科学研究の現状について正しく理解するためには，アウトプットの側面だけではなく，インプット面についても同時に理解する必要があります。

　研究にとってのインプットとして何が主要な要素になるかについて明確に示したものは見当たりませんが，やはり，①研究にかかる人材（ヒト），②研究設備（モノ）と研究資金（カネ），それに加えて，③環境（時間，雰囲気，雇用条件，…）が重要要素になるのではないかと思われます。

　そこで，各国のインプットはどのように変化しているか，2000年と2010年で比較してみましょう。各国の論文数については，前後1年ずつを合わせた3年間の平均値を使った「科学技術のベンチマーキング2012」（科学技術・学術政策研究所）のものをそのまま用い，その他の指標については単年のものとしました。

　まず，改めて，2000年と2010年の論文のアウトプットを表22および表23に示します。このデータは，先に示した図28のデータと同じです。分数カウントの方を用います。

　これによると，Web of Scienceにおける全世界での論文収録数が増えており，欧米主要各国とも論文数を増やしている中，日本だけが数を減少させています。また，中国と韓国の伸びは著しいものがあります。シェアでみると欧米各国とも落としていますが，日本と英国の落ち込みが比較的大きくなっています。

　また，トップ10％論文では，欧米主要各国とも論文数を増やしていますが，日本は微増にとどまっています。ドイツ，フランス，英国は論文数の伸びは大きいものの，シェアで見ると各国とも低下していることがわかります。中国と韓国はトップ10％論文でも著しい伸びを示しており，特に中国は量の伸びよりも質の伸びが上回っていることが驚異的だといえるでしょう。

表22 主要国の論文数とシェアの変化(分数カウント)

	2000		2010		数の変化	シェアの変化
	論文数	シェア	論文数	シェア		
日本全体	66,714	8.6%	65,167	5.7%	▲2.3%	▲34.1%
米国	211,447	27.2%	253,563	22.0%	19.9%	▲19.1%
英国	56,527	7.3%	57,725	5.0%	2.1%	▲31.1%
ドイツ	53,086	6.8%	60,551	5.3%	14.1%	▲23.1%
フランス	38,676	5.0%	43,939	3.8%	13.6%	▲23.4%
中国	26,192	3.4%	121,209	10.5%	362.8%	212.2%
韓国	12,041	1.6%	34,649	3.0%	187.8%	94.1%
全世界	776,548	100.0%	1,151,176	100.0%	48.2%	0.0%

出典:「科学研究のベンチマーク2012」(科学技術・学術政策研究所),「図表30 国・地域別論文発表数(全分野)」から作成。

表23 主要国のトップ10%論文数とシェアの変化(分数カウント)

	2000		2010		数の変化	シェアの変化
	論文数	シェア	論文数	シェア		
日本全体	4,737	6.2%	4,862	4.2%	2.6%	▲32.0%
米国	32,088	42.2%	37,134	32.4%	15.7%	▲23.3%
英国	6,237	8.2%	7,875	6.9%	26.3%	▲16.3%
ドイツ	5,343	7.0%	7,682	6.7%	43.8%	▲4.7%
フランス	3,700	4.9%	4,951	4.3%	33.8%	▲11.3%
中国	1,432	1.9%	9,282	8.1%	548.2%	329.5%
韓国	789	1.0%	2,198	1.9%	178.6%	84.6%
全世界	75,997	100.0%	114,683	100.0%	50.9%	0.0%

出典:「科学研究のベンチマーク2012」(科学技術・学術政策研究所),「図表30 国・地域別論文発表数(全分野)」から作成。

インプット① 研究者の数

次に,インプットの第1の要素として,研究者数について比較してみます(表24)。

研究者数については,論文生産の主要な場である大学の研究者のみを対象

表24 主要国の大学の研究者数（FTE換算）

	2000年の人数	2010年の人数	増減
日本	135,594 （2002年）	123,644	▲8.8%
米国	—	—	
英国	141,762 （2005年）	159,941	12.8%
ドイツ	67,087	90,355	34.7%
フランス	61,583	70,189	14.0%
中国	147,866	261,237 （2008年）	76.7%
韓国	23,674 （人社除く）	28,386 （2006年）	19.9%

出典：「科学技術指標2013」（科学技術・学術政策研究所），表2-1-7　部門別研究者の推移から作成。

としました。また，人数については，国際比較の標準となっているFTE[70]換算（フルタイム換算）としました。研究者といっても，実際にどのくらいの時間を研究に割いているかはまちまちであるため，フルタイムで研究にあたっている研究者の数に換算しているもので，世界的な統計においてはこの方法が一般的になっています。例えば，研究者の頭数が増えても，研究に従事する平均時間数が減少すれば，結果としてFTE換算では研究者数が減少することもあります。

アメリカについては，適当な比較データがないため空欄になっています。また，国によって2000年，2010年のデータがない場合や統計の取り方を変更していて連続性がない場合には，なるべく近い時期の適当なデータに代えています。

これを見ると，日本だけが実質的な研究者の数が減っているということがわかります。

インプット②　研究費

インプットの第2の要素として，研究費について見てみましょう。

研究費に関しては，統計によって何を研究費に含めるかや物価水準などが

---

[70] Full Time Equivalent

各国で異なるため,各国の研究費の額をそのまま示しても比較が困難です。このため,ここでは,2000年の額を100とした場合に2010年にどのように変化したかを指数で示して比較しました。指数を比較することにより,10年ほどの間で各国がどのくらい研究費を増やしてきたかの変化がわかります。

先に述べたように,研究費の額については,何がその中に含まれるか各国での統計の取り方の違いがあります。このため,各国の額をそのまま比較したり,研究者数で割ることによって研究者1人あたりの研究費の額を算出するような分析は,正確でないことが多く,誤解を招くことがあることに注意しなければなりません。

まず,大学で使われている研究開発費の額で比較してみましょう(表25)。

これを見ると,日本だけが研究費の額が減っているということがわかります。ここにもFTE換算と出てきます。これは,研究費の中に研究者の人件費も含んでいるわけですが,その計算はFTE換算で行われているという意味です。

表25 主要国の大学の研究開発費の指数の変化
　　　(FTE換算,各国通貨の名目額による[71])

	2000	2010	増減
日本	100	91	▲9%
米国	100	196	96%
英国	100	193	93%
ドイツ	100	155	55%
フランス	100	161	61%
中国	100	778	678%
韓国	100	304	204%

出典:「科学技術指標2013」(科学技術・学術政策研究所),表1-5-3 大学部門の研究開発費の指数の推移(日本はOECD推計値を使用)

---

71) 名目額は,各国の統計上の額をそのまま示したものです。これに対して,各国の物価の変化によるインフレ・デフレ率を含めて計算するのが実質額です。日本に比べて,各国は物価の上昇が見られますが,それでも欧米各国と日本では,1.3~1.5倍程度の差があります。

次に，各国の科学技術予算についても，同様に指数で比較してみましょう（表26）。

インプットとアウトプットをまとめると

これら，トップ10％論文のシェアの変化と，科学技術予算，大学部門の研究費，大学の研究者数の変化をまとめると，表27のようになります。

表26　主要国の科学技術予算の指数の変化
（各国通貨の名目額による）

	2000	2010	増減
日本	100	109	9％
米国	100	189	89％
英国	100	117	17％
ドイツ	100	142	42％
フランス	100	118	18％
中国	100	715	615％
韓国	100	319	219％

出典：「科学技術指標2013」（科学技術・学術政策研究所），表1-2-1 主要国政府の科学技術予算の推移，表1-5-2 政府の科学技術予算の指数の推移から作成。

表27　最近10年前後のトップ10％補正論文数のシェア（アウトプット）と科学技術予算，大学の研究者数など（インプット）の変化の関係

	日本	米国	ドイツ	フランス	イギリス	中国	韓国
トップ10％補正論文数のシェアの変化	▲32％	▲23％	▲5％	▲11％	▲16％	330％	85％
政府の科学技術予算	9％	89％	42％	18％	17％	615％	219％
大学部門の研究費	▲9％	96％	55％	61％	93％	678％	204％
大学の研究者数	▲9％	—	35％	14％	13％	77％	20％

注）論文数以外のデータは，研究時間をフルタイム換算して算出（OECD統計の標準）。

7章　世界の論文を比較する

インプットとアウトプットについて国別に見ていくと
・日本

　国別のトップ10％論文のシェアでは，先進各国はいずれも低下傾向にありますが，日本の低下の傾向は欧米諸国よりも大きくなっています（▲32％）。

　一方，日本の科学技術予算は若干増えている（＋9％）ものの，他の国に比べると伸び率は小さい状況です。また，大学の研究者数は各国の中で唯一実質的に減少しており（▲9％），これも影響して大学部門の研究費の国際比較では唯一実質減少（▲9％）しているという結果になっています。また，他の国と比べると，大学部門の研究費については，科学技術予算よりも開きがさらに大きくなっています。

　大学の研究者数の減少については，科学技術・学術政策研究所が2002年と2008年に行った調査によって，大学の研究者の研究時間が減少していることが明らかになったことにより，このデータに基づきフルタイムで換算すると研究者数が実質減少したとみなされたものです（図29）。

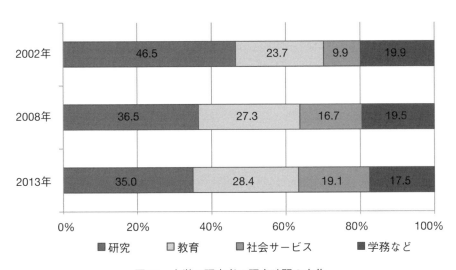

図29　大学の研究者の研究時間の変化

出典：科学技術・学術政策研究所「大学教員等の職務活動の変化」（2015年4月）概要図表1により作成。

同じデータに基づいて研究にかかる人件費なども補正して推計されるため，大学の研究費は名目額では7％増えているのですが，実質的には9％減少したという推計が適用されています。このようなフルタイム換算の分析は他の国においても同様に行われているので，国際比較の際にはフルタイム換算のデータ同士で比較する必要があります。

ちなみに，大学の研究者の研究時間が減少した要因としては，教育および社会サービスに割かれる時間の増加などによるものとなっています。

質の高い論文は，様々なインプット要因が整わなければ創出できるものではありませんが，特に，研究時間（時間的な余裕）が重要であると思われます。また，短期的に成果が求められる風潮も，質の高い論文の生産の面ではマイナスに働いているといえるかもしれません。

・米国

米国は，論文数においてはいまだ他国を圧倒していますが，シェアの低下は日本に次いで大きくなっています（▲23％）。

大学の研究者数のデータについては適当な統計がないため比較できませんが，大学の研究開発費（＋96％），科学技術予算（＋89％）という研究費のインプットについては他の欧州諸国よりも大きく伸ばしています。したがって，研究費予算は大きく増やしているにもかかわらず，論文シェアは結構な減少を示していると見ることができます。

・ドイツ

ドイツは，先進国の中でトップ10％論文のシェアの低下が▲5％と最も少なくなっています。

インプット面においては，研究者数の増（＋35％）が大きく，欧米各国中では最も大きい伸びを示しています。また，大学の研究開発支出の増（＋55％），科学技術予算額の増（＋42％）などのインプットについても大きく伸びています。予算面よりも研究者数の人的なインプットの要因が論文の生産に大きく影響しているとみることができるかもしれません。

・フランス

　フランスは，トップ10％論文のシェアの低下がドイツに次いで小さくなっています（▲11％）。大学の研究者数も増加（＋14％）しています。科学技術予算額の伸び（＋18％）は米国やドイツに比べてやや低めですが，大学の研究開発支出では米国や英国ほどではないものの＋61％と比較的大きく伸びています。

・英国

　英国は，米国に次いでトップ10％論文のシェアが低下（▲16％）しています。大学の研究者数（＋13％）はフランスとほぼ同様に伸びています。科学技術予算額の伸びは＋17％と米国，ドイツに比べると低い状況ですが，大学の研究費は＋93％と米国と並んで大きく増えています。

・中国

　中国は，全論文，トップ10％論文のいずれも数，シェアともに大きく伸びており，2010年では米国に次ぐ世界第2位にまで急速に発展しています。研究者数の伸び（＋77％）も大きいですが，何といっても科学技術予算額（＋615％），大学の研究開発支出（＋678％）というように研究費の面が7倍から8倍という驚異的な伸びを示しています。

・韓国

　韓国は，中国ほどではないものの，全論文，トップ10％論文のいずれも数，シェアともに大きく伸ばしています。研究者数の伸び（＋20％）は中国ほど大きくありませんが，科学技術予算額（＋219％），大学の研究開発支出（＋204％）の伸びは非常に大きいものがあります。

インプットとアウトプットの大きな相関関係

　以上見てきたように，欧米各国とも，科学技術予算をかなり増やしているものの，論文のシェアにおいてはいずれも苦戦していることがわかります。また，いくつかの国では，大学における研究費に対して，科学技術予算の伸

び以上に，特に手厚い措置が取られている様子がうかがわれます。日本の論文シェアの低下は欧米各国の中で最も大きいことは確かですが，インプット面でもかなり苦戦している状況からすると，ある意味，致し方ない状況，あるいは，むしろ苦しい中にあって頑張っているとみるのが妥当な分析といえるのではないでしょうか。

　論文のアウトプットを高めるにあたっては，研究費（科学技術予算）や研究人材，研究時間などの研究環境といったインプット面についてマクロ的にとらえて政策を検討していく必要があることがわかります。

　日本は財政状況が極めて厳しい中にありますが，科学技術立国としてイノベーションによる成長を実現していくためにも，研究予算の総額の増，配分先としての大学における研究の重視，若手を含む優れた研究人材の確保，研究時間の確保や研究環境の整備など，研究にかかるインプット要因全体をとらえて対応をとることが極めて重要であると考えます。

　なお，英国，ドイツ，フランスの欧米各国は，いずれも論文総数よりもトップ10％論文の伸びの方が大きく上回っています。日本の置かれている現状を考えれば，量より質が上回るようになるべきでしょうから，こうした観点からも，現在の研究環境，科学技術政策を見直していくことが重要であると考えます。

（3）日本企業による研究論文の激減

　日本の論文がどこから生まれているか，大学，独法研究機関，企業などの研究組織別に分析してみましょう（図30）。

　20年間の変化をみると，国公私立の大学が全体の7割程度の論文を出しており，大学の比率に大きな変化はありませんが，企業セクターの論文のアウトプットが大きく減少しており，特にトップ10％論文では13％から5％へと半減以下に大きく減少していることがわかります。

　これと対称的に，独法研究機関の論文シェアが大きく増えています。理化学研究所などの独法研究機関の伸びも含まれると思われますが，科学技術振興機構（JST）のファンディングによる論文については，研究者の所属機関がJSTになるため，この分による増加分がかなり含まれていると考えられ

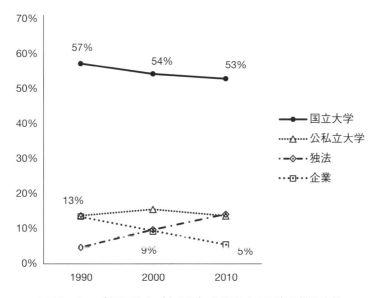

図30　トップ10％論文（全分野）を輩出する研究組織の変化
出典：「科学研究のベンチマーキング2010および2012」図表60（2010），図表71（2012）

ます（図31）。[72] JSTのファンディングによる研究は，実質的にかなりの部分が大学の研究者によって行われていることを考えると，全論文，トップ10％論文ともに大学の研究者によって生み出されるものがさらに多くを占めると考えられます。

企業による論文は，もともと日本の全論文に占める割合としてはそれほど大きくはないものの，論文数の減少は，企業による基礎研究部門の衰退を如実に表していると考えられます。

特に，工学分野を例にとってみると，20年ほど前には，日本のトップ10％論文のうち32％を企業の論文が占め，企業の研究所が国立大学に並ぶ非常に重要な役割を果たしていたことがうかがえますが，最近では15％程度にまで低下しています（図32）。

科学技術の複雑化により，1つの企業で基礎研究部門を抱えきれなくなっており，また，オープン・イノベーションの流れの中で対応していく方が効

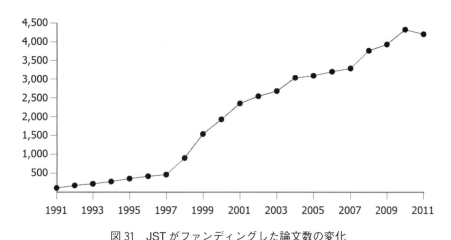

図31　JSTがファンディングした論文数の変化

出典：JSTがファンディングした研究者の論文（J-GLOBAL foresightのウェブサイト chart by amCharts.comから）

---

72) 科学研究のベンチマーキングの分析では，分数カウントを用いています。したがって，JSTがファンディングして大学の研究者が発表した論文であれば，独法0.5，大学0.5とカウントされます。

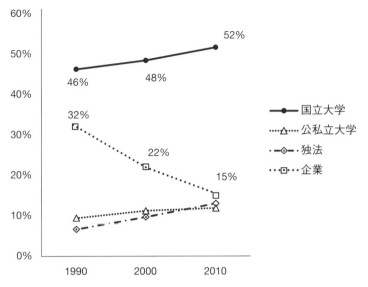

図32 トップ10％論文（工学分野）を輩出する研究組織の変化
出典：「科学研究のベンチマーキング2010および2012」，図表61(2010)，図表76(2012)

率的だともいわれますが，科学技術によるイノベーションの創出による経済・産業の発展に戦略的に取り組むにあたっては，その主役を担うべき企業における研究開発をめぐるこうした動向の是非についても改めて考えてみる必要があるのではないでしょうか。

（4）科研費による論文の状況

科研費による論文成果の状況について，その他の論文と比較分析することは，これまで行われてきませんでしたが，世界の論文データベースを用いることによりこうした分析が可能になってきました。

①科学技術・学術政策研究所による分析
科学技術・学術政策研究所は，トムソン・ロイター社のWeb of Scienceの中の日本の論文の中から，KAKENデータベースを用いて科研費による論

文を抽出することによって，科研費による論文の被引用数などの分析を行いました。この結果の概要については，平成25年3月6日の科学技術学術審議会学術分析会研究費部会で報告が行われています。[73]

Web of Scienceの対象とするジャーナルに掲載された論文による分析ですから，必ずしも人文学などを含む全分野が含まれているものではなく，また，自然科学系にしても日本の全論文を分析したものではありませんが，少なくとも自然科学系の論文に関しては，これにより現状のかなりの部分を分析することができるでしょう。

分析では，対象となる日本の論文について，科研費による支援があったもの（科研費論文・W-K論文[74]）と，科研費による支援がなかったもの（非科研費論文・W-非K論文）に分け，1996年から2008年までの変化を明らかにしています（表28および表29）。

なお，非科研費論文といっても，その中には科研費以外の競争的資金の支

表28　日本のWeb of Science論文に占める割合（整数カウント）

	W-K論文	W-非K論文
1997（1996-1998）年	35.7%	64.3%
2000（2001-2003）年	40.8%	59.2%
2007（2006-2008）年	47.3%	52.7%

表29　日本のトップ10%補正論文に占める割合（整数カウント）

	トップ10% W-K論文	トップ10% W-非K論文
1997（1996-1998）年	53.1%	46.9%
2000（2001-2003）年	56.8%	43.2%
2007（2006-2008）年	62.4%	37.6%

---

73) さらに詳細に分析した結果については，「論文データベース（Web of Science）と科学研究費助成事業データベース（KAKEN）の連結による我が国の論文算出構造の分析」（2015年4月，科学技術・学術政策研究所，調査資料237）。
74) W-K論文とは，Web of Science-Kakenhi論文の意味。

援を受けているものも含まれていることがあり，必ずしも公的な競争的資金の提供を受けずに行われた研究を表しているわけではありません。また，科研費論文は必ずしも科研費のみの助成を受けて行われた研究というわけではなく，科研費以外の公的研究費の支援を重ねて受けているものも含まれています。

・科研費依存の高まり

日本全体の論文の中で科研費の支援を受けている論文の占める割合は徐々に上昇しており，1997 年頃には 36％ほどであったものが，2007 年頃にはおよそ半数にあたる約 47％を占めるまでに増加しています。日本の科学研究における科研費の役割がますます大きくなっていることがうかがわれます。

引用される回数の多い論文であるトップ 10％論文で見ると，科研費論文の占める割合はさらに上昇し，2007 年ベースで約 62％を占める状況にあります。

・科研費による研究論文の優位性

また，日本全体の中で被引用数の多い論文のトップ 10％に入る論文は 8.1％であるのに対して，科研費論文の場合は 10.7％，非科研費論文では

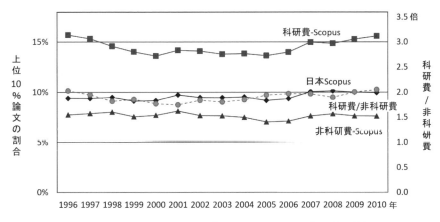

図 33　日本の被引用数トップ 10％における科研費論文の状況

5.8％となっています（図33，2006〜2008年の平均値）。[75] トップ10％に10％の論文が入っていれば量と質が相応ということですから，科研費論文が世界平均を若干上回っているということになりますが，非科研費論文と比較した場合は，1.8倍程度の優位性があるとみることができるでしょう。また，日本全体と比較した場合は，同様に1.3倍程度の優位性があるということになります。

②**日本学術振興会による分析**

　この調査とは別に，日本学術振興会はエルゼビア社に委託し，同社のデータベースであるScopusを使った分析を行いました。[76]

・**科研費による研究論文の優位性**

　これによれば，日本全体の中でトップ10％に入る論文は9〜10％であるのに対して，科研費論文の場合は14〜15％，非科研費論文では7〜8％となっており（図33），科学技術・学術政策研究所が行った上記の分析結果よりも，全体的に若干数値が上向いています。こうした差が生じるのは，分析の基となるデータベースがカバーする学術誌の収録数の違いによる影響が大きいと思われます。

　Web of Scienceの収録数は約12,000誌ですが，Scopusの場合は21,000誌であり，より世界的な研究活動の全体像を表していると捉えることができるでしょう。また，収録している研究の分野についても，Scopusの方が幅が広いとされています。

　図34は，1論文あたりの被引用数で比較したものです。経年推移で表していますが，最近出された論文の被引用状況が右肩下がりに少なくなっています。これは，論文の引用は論文が発表されてから何年間か続くという傾向があるためです。論文が発表された後，10年ほどにわたって引用されるため被引用数が累積され増えていくが，その後は引用が減って累積数が頭打ち

75）研究費部会提出資料　14ページ。
76）『CGSIレポート』第1号　「Scopus収録論文における科研費成果論文の分析」（平成26年10月31日）日本学術振興会グローバル学術情報センター。

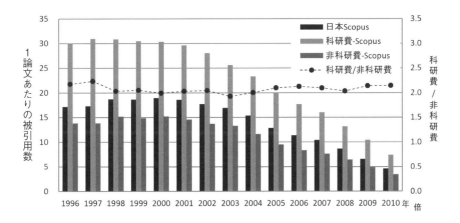

図34　1論文あたりの被引用数で見る日本の論文における比較

注）日本Scopus論文，科研費-Scopus論文，非科研費-Scopus論文の1論文あたりの被引用数の推移。

になるといった傾向がうかがえます。

いずれにしても，科研費論文と非科研費論文で比較すると，やはり2倍程度の優位性が，また，日本全体と比較すると1.4〜1.5倍程度の優位性があることが明らかになっています。

・英国MRCでの分析もほぼ同様の結果

また，このレポートの中では，英国の医学分野のファンディング・エージェンシーであるMRC（Medical Research Council，医学研究会議）も同様の比較分析を行っていることが紹介されており，MRCの研究費の支援を受けた研究は同分野の英国の論文の平均と比べ，論文の引用状況で1.55倍の優位性があることが示されています。[77] MRCが支援する1件あたりの研究費の額は科研費と比べて非常に大きく，優れた研究者による限られた研究課題にしか配分されていないことを考えれば，科研費による研究成果の優位性については，政策効果としても十分評価に値する結果であるといえるでしょう。

---

77) MRC「Economic Impact Report 2011/2012」，『CGSIレポート』第1号　「Scopus収録論文における科研費成果論文の分析」。

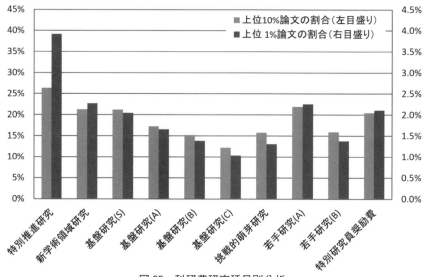

図35　科研費研究種目別分析

・研究種目別の分析

　日本学術振興会が行った Scopus による分析の中では，科研費の研究種目などによる違いについても分析しています（図35）。

　特別推進研究は最も大型の個人研究に対して助成する研究種目で，各分野のトップクラスの研究者が支援を受けています。論文の被引用状況でもそのことが明らかになっています。特に，トップ1％論文という世界的に極めて引用状況の高いトップクラスの論文の割合が大きいことが特徴的です。[78]

　基盤研究の中では，規模の小さいCから規模の最も大きいSに移るにつれて被引用状況が高くなっています。額の大きな研究種目の方が論文の被引用状況が高いのは，ある意味当然のことかもしれません。また，同規模の研究種目で比較すると，若手研究種目の方が優位であるとの結果が出ており，

---

[78] 一方において，トップ1％論文というように少数のグループで比較する場合には，その中の一部に突出して引用されている論文がある場合に影響が大きく出るケースもあります。したがって，一般的な分析とする場合には，その他の年度の状況も分析してみる必要があるでしょう。

日本の若手研究者の頑張りが表れた結果であるとの分析もできるかもしれません。[79]

　さらに，特に日本学術振興会の特別研究員として選ばれたポスドクなどに対する特別研究員奨励費の被引用状況も非常に高くなっており，優れた若手が特別研究員に選ばれていることが裏付けられているとみることができるでしょう。

　このような科研費論文の分析結果からして，論文成果から見た最近の日本の研究をめぐる国際的な地位の低下について，最大のファンディングである科研費制度やその審査・選考の方法に問題があるとする見方があるとすれば，明らかに根拠のない間違いであるといえるでしょう。

（5）国立大学におけるデュアル・サポートの変化と論文への影響

　日本の国立大学の財政は「国からの毎年の予算」と「その他の自己収入」によって成り立っています。その他の自己収入の中には，授業料，病院収入，企業からの研究費，寄付金などの国以外からの収入のほか，科研費などの競争的な制度による国からの収入があります。したがって，国から国立大学への財政支援は，毎年の予算（国立大学運営費交付金）と科研費などの競争的な制度の2つによってなされていることになります。こうした国からの支援のしくみを「デュアル・サポート・システム」と呼んでいます。国立大学運営費交付金がいわば1階部分で，科研費などの競争的な制度によるものが，その上に乗っかる2階部分といった形です。デュアル・サポート・システムは，国立・公立大学の運営システムとして，世界各国で同じような考え方が採用されています。

　デュアル・サポート・システムのねらいは，大学の運営にあたって，一定の安定的な基盤を維持しつつ，さらに各人学・研究者の実力に応じて財政支援を上乗せすることによって，大学や研究者間の適正な競争を促そうとする

---

79) これに対して，若手で比較的規模の大きな研究費を獲得している者の中には，それまでに優秀な研究者の研究室において実績を積んでいるものが多く含まれており，そうした共同研究のなごりが被引用数の多さに影響しているとの意見もあります。

ものです。

　一方，日本の国立大学は 10 年ほど前に法人化しましたが，それ以降，デュアル・サポートの 1 階部分の基盤的な経費である運営費交付金は，毎年 1 ％ほど減り続けることとなり，10 年で運営費交付金予算は約 1 割減っています。その分が 2 階部分の競争的な支援の増になり相殺されている部分はありますが，1 階と 2 階のバランスが変化している状況です。こうした中，研究面にはどのような影響が出ているのでしょうか。

　科学技術政策研究所が分析した結果をまとめたのが表 30 です。ここでは，先に紹介した科研費による論文の分析のデータを用いて，論文発表数の多い上位の 40 大学について，科研費による研究論文と，科研費以外の研究論文について，2001～2003 年（平成 13～15 年）の平均と 2006～2008 年（平成 18～20 年）の平均の状況を比較しています。ちょうど運営費交付金が減る前と減り始めて 4 年目くらいを比較していることになります。

　これによると，多くの大学において科研費以外の研究の論文数が減少しており，科研費による研究の論文数が増えている大学が多いものの，大学によってはむしろマイナスに転じている状況がわかります。そして，国立大学の中では，上位の大学は軒並みプラスになっているものの，地方国立大学の多くはマイナスになっています。また，科研費以外の研究の論文数が減っていない大学の多くは私立大学であることがわかります。

　科研費以外の研究の論文数の中には，科研費ではない大型の競争的資金制度によるものも含まれますが，論文数の減少しているのは，国立大学の運営費交付金の減少の影響であることは明らかでしょう。運営費交付金の削減はこのあとも続いていますから，現在ではさらに大きな影響が出ていることが予想されます。

　2013 年に科学技術・学術政策研究所が行ったワークショップでは，「国立大学の教授といっても，運営費交付金から配分される研究費は年間 20～40 万円にすぎず，これでは競争的資金を獲得できなければまともな研究はできない。こうした傾向はトップレベルの大規模大学を除く地方大学において顕著である。そうしたことが，日本の研究のシステムとしての大学の層を薄くしてしまっており，日本全体の研究の多様性の確保に大きな支障が生じてい

表 30 論文数上位 40 大学における科研費論文数、非科研費論文数の増減の状況
（2001～2003 年の平均値と 2006～2008 年の平均値による比較）

			全論文	科研費論文	非科研費論文
1	東京大学		5.6%	13.3%	▲7.3%
2	京都大学		11.1%	18.4%	▲0.5%
3	大阪大学		6.1%	12.7%	▲4.2%
4	東北大学		9.9%	25.5%	▲9.2%
5	九州大学		7.5%	21.3%	▲8.8%
6	北海道大学		9.1%	25.7%	▲12.0%
7	名古屋大学		7.8%	19.3%	▲8.2%
8	東京工業大学		3.4%	14.4%	▲8.5%
9	筑波大学		4.2%	22.7%	▲16.0%
10	広島大学		2.6%	11.2%	▲8.3%
11	慶應義塾大学	私立	12.2%	29.7%	▲3.4%
12	岡山大学		7.4%	30.8%	▲14.4%
13	千葉大学		0.6%	14.7%	▲13.7%
14	神戸大学		9.0%	22.7%	▲7.1%
15	金沢大学		5.7%	30.5%	▲20.1%
16	日本大学	私立	31.3%	40.3%	25.8%
17	早稲田大学	私立	38.4%	63.3%	13.8%
18	新潟大学		▲8.1%	▲1.0%	▲16.3%
19	東京医科歯科大学		11.2%	22.2%	▲8.4%
20	東京理科大学	私立	10.9%	22.6%	2.3%
21	大阪市立大学		▲7.8%	11.1%	▲26.7%
22	熊本大学		5.5%	8.1%	1.4%
23	長崎大学		7.8%	13.7%	0.7%
24	徳島大学		3.9%	14.0%	▲9.2%
25	岐阜大学		3.9%	9.7%	▲1.0%
26	信州大学		▲7.0%	7.3%	▲18.2%
27	大阪府立大学		5.1%	30.7%	▲14.9%
28	東京農工大学		19.8%	47.9%	▲0.7%
29	群馬大学		▲7.5%	2.1%	▲17.2%
30	富山大学		1.7%	20.3%	▲13.3%
31	近畿大学	私立	19.3%	36.3%	8.6%
32	首都大学東京		▲1.8%	▲1.6%	▲2.1%
33	東海大学	私立	5.3%	20.3%	▲7.4%
34	愛媛大学		14.4%	24.0%	4.1%
35	鹿児島大学		▲0.3%	16.7%	▲15.3%
36	山口大学		▲10.6%	2.8%	▲21.5%
37	北里大学	私立	8.5%	14.3%	3.2%
38	順天堂大学	私立	30.3%	35.1%	26.1%
39	三重大学		▲5.0%	8.9%	▲16.7%
40	横浜市立大学		12.1%	21.3%	0.4%

注）Web of Science により分析できた論文を整数カウントで集計。
出典：「日本の大学における研究力の現状と課題」科学技術・学術政策研究所（平成 25 年 4 月）

る」といった問題点が指摘されています。[80]

　デュアル・サポート・システムにおいては，国からの財政支援ルートがデュアルであるだけでは十分ではなく，その中のバランスが非常に重要です。1階部分の基盤的な経費は，研究者に一定額の研究費を保証するだけではなく，研究者が共用して使用する分析器などの研究機器の整備，そうした機器を運用する研究支援者の雇用，また，何より研究者を雇用するために経常的に必要となる人件費などに必要なものです。若手の研究者の安定的な雇用が困難になっているとの意見がよく聞かれますが，その主な原因は，こうした経常的な経費の不足，すなわち運営費交付金の減少にあります。

　日本の大学における研究活動を活発にしていくためには，デュアル・サポート・システムの1階部分を支える運営費交付金が研究活動に必要な様々な基盤を支えているという，その役割の重要性を再認識し，国立大学運営費交付金に関する政策の見直しを図っていくことが急務であると思われます。

---

80)「大学の基礎研究の状況をどう考えるか，これからどうすべきか？－定点調査ワークショップ（2013年3月）より－」科学技術・学術政策研究所（2013年7月）

うれひなく学びの道に博士らをつかしめてこそ国はさかえめ

　昭和24年に湯川秀樹先生が日本人として初めてノーベル賞を受賞された際の昭和天皇の御製です。研究者が何の心配もなく研究活動に没頭できるようにしてこそ国は栄えていくのだという，まさに研究と国の発展をめぐる核心を素直に表された歌だと思います。

　現在の研究者は憂いなく研究に没頭できる環境にあるでしょうか。逆に，研究者の多くが様々な憂いを抱えているというのが現状でしょうし，特に若い人たちには将来に対する心配を抱かせ，研究の道に進むかどうか躊躇させているような状況ですらあります。

　世界から尊敬される国，科学技術で発展する国を目指している現在の我が国においても，この御製で語られている核心の重要性は変わるものではなく，政策を担当する者はもちろんのこと，研究に関わる者としても心に止めて，研究の現場から憂いをなくしていくようにしなければならないと感じた次第です。

8章
女性研究者をめぐる状況

　これまでは科研費や論文について見てきましたが，次は少し違った角度から，女性研究者をめぐる状況について見ていきたいと思います。

　日本は欧米に比べ女性研究者（特に理工系）が少ない状況です。優れた科学力に基づく持続的な発展を図っていくためには，日本の頭脳のポテンシャルを余すことなく活用していく必要があり，その意味でも女性の研究者を増やしていく視点は不可欠といえるでしょう。女性研究者が少ない理由に関しては，研究を継続しにくい環境など女性に不利な環境が第一にあげられます。

　国や大学，研究機関においては，こうした課題の解決に取り組んできており，徐々に効果をあげていると思われますが，女性研究者をめぐる状況を改めて分析して現状を概観するとともに，さらに女性研究者が増えるようにするための課題を探ってみましょう。

（1）企業を含めた日本全体の女性研究者の現状

海外に比べて低い女性研究者の比率

　日本の女性研究者の割合は，全体では14.4％（2013年）となっており，徐々にではありますが，毎年増加しています（図36）。

　欧米各国では，英国37.7％，米国33.6％，ドイツ26.7％，フランス25.6％（国によって2010年から2013年のデータ）となっています（図37）。欧州の中でも，英国とドイツやフランスでは結構な差があることがわかります。国によって統計の取り方に若干の違いがありますが，欧米各国に比べて日本の女性研究者比率が低いことは明らかです。

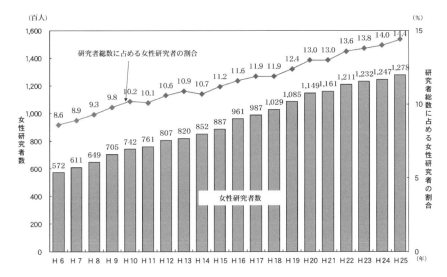

図36 女性研究者および研究者総数に占める女性研究者の割合の推移
出典:「平成26年度科学技術白書」第1-1-41図

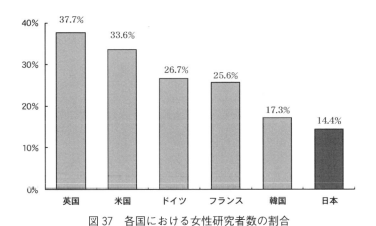

図37 各国における女性研究者数の割合
出典:「平成26年度科学技術白書」第1-1-42図

企業の女性研究者の比率は低い

日本の中で，機関種別に女性研究者の状況を比べると，表 31 のようになっています。平成 18 年と比較すると，7 年間で，大学は 3.5%，企業は 1.5% 改善しています。

男女を合わせた全体の研究者数からすると，企業が最も多くを占めていますが，企業における女性研究者の比率は 8.0% と他の機関に比べて低い状況です。大学は 25.0% となっていますが，この中には博士課程学生等が含まれているので，別の統計を用いて教員だけで見ると，全体では 22.1%，自然科学系（理学，工学，農学，保健の 4 分野の計）では 19.2% となります（表 32）。独立行政法人などの公的機関は 15.9%（うち独立行政法人は 13.9%）となっています。

企業及び公的機関の研究者の大部分は自然科学系の研究者と予想されるので，自然科学系だけで比べると，大学の教員が 19%，独立行政法人は 14%，企業は 8% くらいというのがおおよその状況といえるでしょう。

表 31　女性研究者比率の機関別比較

	研究者数	うち女性	女性比率
総数	887,067	127,836	14.4%
企業	528,300	42,243	8.0%
公的機関	34,829	5,533	15.9%
うち独立行政法人	19,719	2,734	13.9%
大学等	315,244	78,873	25.0%

出典：総務省「平成 25 年度科学技術研究調査」

表 32　大学の本務教員の分野別女性比率

	計	人文科学	社会科学	理学	工学	農学	保健	自然科学系
本務教員の計	177,263	23,067	23,763	15,065	24,975	6,743	61,319	108,102
男	138,168	16,118	19,481	13,720	23,558	5,991	44,075	87,344
女	39,095	6,949	4,282	1,345	1,417	752	17,244	20,758
女性比率	22.1%	30.1%	18.0%	8.9%	5.7%	11.2%	28.1%	19.2%

出典：「平成 25 年度学校教員統計調査」表 180 から作成。

(2) 大学の職名別の女性教員比率

大学教員について職名別に女性比率を示すと，表33のようになります（人文社会系を含む全分野）。[80]

若手の職では女性比率は低くない

職名別に見ると，博士課程修了者と助教（助手を含む）では女性比率に差がない状況ですが，その後，准教授，教授となるにつれ，女性比率は減少していることがわかります。このことは昇進のしにくさ，研究の継続の難しさを表しているとの分析があります。そうした影響もあるとは思われますが，むしろ，後述するように，准教授や教授の年齢層の者が大学院在学時には，博士課程への女性の進学率がまだまだ低かったことが第一の要因であろうと思われます。

大学教員のすべてが博士取得者というわけではありませんが，性差の有無を考える上では年齢層ごとに，博士課程修了者の男女比率と研究職のそれを

表33 職名別の女性研究者の割合

	計	国立	公立	私立
教員全体	21.8%	14.6%	27.3%	25.6%
学長	8.4%	3.5%	13.4%	8.5%
副学長	7.1%	4.3%	9.2%	8.3%
教授	14.0%	8.4%	19.0%	16.2%
准教授	22.0%	14.7%	26.2%	27.5%
講師	29.9%	19.1%	35.6%	33.1%
助教＋助手	30.7%	20.9%	36.9%	37.3%
博士課程修了者	30.0%			

出典：「平成25年度学校基本調査」

---

[80] 同じ平成25年度でも，「学校教員統計調査」と「学校基本調査」で教員数の総数，女性教員数が若干ずれているため，女性教員比率が少し異なっています。ここでは，博士課程修了者の女性比率も同じ統計にある「学校基本調査」のデータを使っています。

比較することは，有効な指標の1つになると思われます。前述したように，現在の博士課程修了者の女性比率と助教（助手を含む）の女性比率はほぼ同じであり，修了後に初めて就く職が助教（助手を含む）であると捉えると，この段階での男女格差はほとんど見られないということができます。

実際には，博士課程の修了と助教などの採用の間にはポスドクの期間があると思われるので，この期間を経ても男女格差が生じていないと見ることができます。

同年代の博士課程修了者と比較する

表34は，平成25年における大学の職名別の女性比率と平均年齢を示しています。また，教員が全員博士課程修了者であり28歳時に修了したと仮定して，その修了時点における博士課程修了者の女性比率を示してみました。さらに，参考までにEU諸国の女性研究者比率も示しました。

すると，どの職名においても，同じ年齢層の博士の女性比率よりも，教員の女性比率の方がむしろ高いという結果になりました。これは，博士人材を大学教員の人材のプールとして考えたとき，それぞれの職の適齢者層の人材プールにおいては，男性の博士に比べて女性の博士の方が採用されていると見ることができます。職名が高くなるにつれて女性比率が低くなっていますが，博士人材プールの中での女性比率が過去に遡るに従って低くなっていく

表34 大学の女性教員の職名別の状況

区　分	計	教授	准教授	講師	助教等
女性比率	22.1%	14.1%	22.3%	30.4%	31.3%
本務教員の計	39,095	9,763	9,474	6,160	13,572
平均年齢（歳）	46.1	57.5	47.6	44.2	37.7
博士修了時（28歳と想定）	平成7年	昭和59年	平成5年	平成9年	平成15年
修了当時の博士の女性比率	14.6%	8.4%	13.6%	16.6%	23.1%
EU全分野		20%	37%		44%
EU科学技術分野		11%	23%		33%

注）EUはEU27国の平均。数値は2010年のもの。
出典：EU Women and Science, She Figures 2012から作成。「助教等」とは，助教と助手を合計したもの。平均年齢などのデータは「平成25年度学校教員統計調査」（表178）。

のですから，ある意味当然の結果であるといえると思われます。

博士修了者と大学教員のタイムラグ

　日本の大学の教員全体の女性比率と博士課程修了者の女性比率の推移をまとめたのが，図38です。

　1980年代までの博士の女性比率はかなり低い状況でしたが，これとは関係なしに，女性の教員は8％程度の一定の割合でいたことがわかります。その後，博士課程修了者の女性比率が上昇していますが，それを追いかけるように女性教員の比率が上昇しています。これらの間にはタイムラグがあり，例えば，10％の水準で見ると，女性博士では1985年に達していますが，女性教員では94年であり，この間に9年ほどの遅れがあります。同様に15％

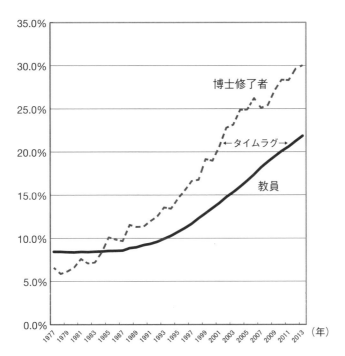

図38　博士修了者と大学教員の女性比率の推移
出典：各年度の「学校基本調査」

のレベルでは，女性博士は96年で女性教員は2003年と7年の遅れ，20%のレベルでは，女性博士は2001年で女性教員が2010年と9年の遅れとなっており，7～9年のタイムラグがあることがわかります。

　女性の比率が徐々に上昇している過程にあるので，このようなタイムラグがあるのは当然ですし，タイムラグの年数としてもさほど長いとは思われません。

　ちなみに，平成25年度現在，大学教員で博士の学位を有する者は，表35のようになっており，全体では約半数にあたる51.7%，分野別には，理学系が最も高く75.3%となっています。

　表34において相当年齢層の博士人材プールと比較した場合に，全般的に女性の方が採用されている結果となっている原因は明らかではありませんが，前述のように，そもそも博士であるか否かにかかわらず一定の女性教員が含まれるということのほか，男女共同参画の取り組みの効果，女性で頑張っている者の方が優秀なのではないか，などといったことが考えられると思われます。こうした状況が生じ始めた時期を分析すれば，男女共同参画の取り組みの効果かどうかわかるかもしれません。

　なお，博士人材プールで比較した場合における女性の優位さについては，教授や准教授職に比べると，助教職ではあまり大きくありません。最近の若手教員については，博士取得者であることがほぼ常識化してきたため，人材

表35　博士の学位を有する大学教員数と比率

	大学教員数計	博士課程	比率
計	177,263	91,562	51.7%
人文科学	23,067	11,337	49.1%
社会科学	23,763	13,701	57.7%
理　　学	15,065	11,342	75.3%
工　　学	24,975	16,355	65.5%
農　　学	6,743	4,273	63.4%
保　　健	61,319	27,413	44.7%

出典：「平成25年度学校教員統計調査」，表183から作成。

プールにおける女性比率との差がなくなってきているのではないかと思われます。

表 34 においては EU 27 か国の平均データも付しましたが，EU 諸国でも職名が上がるにつれ女性の比率は低くなっていることがわかります。これについても，博士人材プールにおける女性比率の差が原因と考えられます。表 38 に米国のデータを付していますが，米国においても博士の女性比率が徐々に増え，それを追いかけるように研究者の女性比率が増えてきた推移がわかります。

（3）米国における分析

やや古いレポートになりますが，2006 年にアメリカの科学アカデミー[81]がまとめた「Beyond Bias and Barriers: Fulfilling the Potential of Women in Academic Science and Engineering」の分析を紹介しましょう。

性差を判断する際の基本的な考え方は，それぞれの職において適齢の博士号取得者による人材プール（available pool）を想定して比較するというものです。なお，適齢として博士号取得後の年数をそれぞれの職で想定しており，その中で博士取得時の女性比率と各研究職での女性比率を比較するという分析手法を用いています。したがって，あくまで博士号取得者同士で性差があるかどうかの分析を行っています。先に示した日本の例では，博士号を取得していない研究者も含めた女性比率で比較しましたが，米国の性差の比較の観点は，より合理的だと思われます。

図 39～図 41 は，米国における博士人材プール（available pool）と 2003 年現在の女性教員比率との比較を示したものです。

レポートでは，ポスドク・助教レベル，准教授レベル，教授レベルに分け，分野別に各相当年齢層の PhD Pool（棒グラフの左端）と PhD を取得して研究者のポストに就いている者の女性比率を比較しています。すなわち，PhD Pool と研究者の女性比率が同じであれば，それぞれの比較棒グラフは概ね

---

[81] National Academy of Sciences

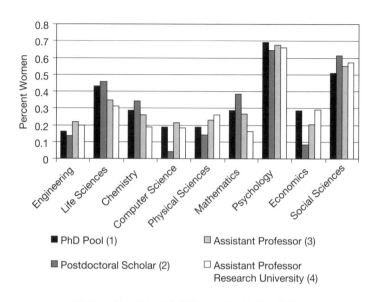

図39 ポスドク，助教職における性差の状況

(1) は2003年から6年以内の博士号取得者の中の女性の割合。(2) は6年以内の博士号取得者で，2003年現在，Postdoctoral Scholar であるもののうち女性の割合。(3) は6年以内の博士号取得者で，2003年現在，Assistant Professor であるもののうち女性の割合。(4) は6年以内の博士号取得者で，2003年現在，Research Universities の Assistant Professor であるもののうち女性の割合。

出典：アメリカ科学アカデミーのレポート（p. 16）

フラットになるはずであり，この場合は性差なしと捉えます。右側が低くなれば，PhD Pool に比べて研究者の女性比率が低いということになり，この場合は性差がある（女性が不利）ということになります。棒グラフの右端はリサーチ・ユニバーシティを切り出しています。同じ職名でも，大学全体の平均とリサーチ・ユニバーシティで差があるかを比較しようとするものです。

分野や職名により多少のばらつきがありますが，レポートの中では，ライフサイエンス分野で性差があると分析されています。また，リサーチ・ユニバーシティでは，一般に女性比率がやや低い傾向が見られます。

なお，各グラフの下に示したように，博士人材プールのとらえ方は，例えば准教授職の場合は博士取得後7〜15年の者とされています。仮に，28歳で博士を取得したとすると，およそ35〜43歳の者が准教授職での適齢の比

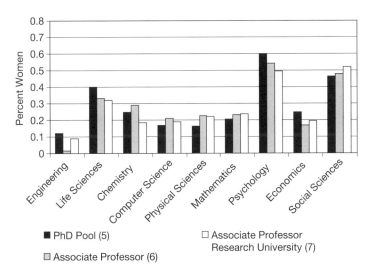

図40 准教授職における性差の状況

(5)は2003年から7～15年前の博士号取得者の中の女性の割合。(6)は7～15年前の博士号取得者で，2003年現在，Associate Professorsであるもののうち女性の割合。(7)は7～15年前の博士号取得者で，2003年現在，Research UniversitiesのAssociate Professorsであるもののうち女性の割合。
出典：アメリカ科学アカデミーのレポート（p.16）

較対象として考えられているということです。日本の場合，准教授の平均年齢が47歳でしたから，こうしたところにも日米での違いが見られます。

　女性研究者比率を論じる場合，以上のように職名別に適齢層で博士人材プールを想定し，これと実際の研究者の女性比率の関係を見ていくことは合理的だと思われます。これまで日本では，あまりこういった分析的な議論がなされてこなかったようですが，最近になって科学技術・学術政策研究所がまとめた「日本の大学教員の女性比率に関する分析」（2012年5月）の中で一部この考えを取り入れた分析が行われています。今後，女性研究者を増やすためには，単に女性の採用比率の目標を設定するといったことではなく，こうした点も視野に入れつつ，最も無理がなく合理的で効果のある施策は何かについて検討していくことが重要だと思われます。

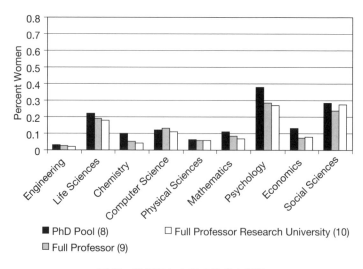

図41　教授職における性差の状況

(8) は2003年から16年以上前の博士号取得者の中の女性の割合。(9) は16年以上前の博士号取得者で，2003年現在，Full Professorsであるもののうち女性の割合。(10) は16年以上前の博士号取得者で，2003年現在，Research UniversitiesのFull Professorsであるもののうち女性の割合。
出典：アメリカ科学アカデミーのレポート（p.17）

（4）博士課程修了者の進路（就職状況）

　大学の研究者については，女性研究者の比率は博士号取得者の女性比率と比較して，大きな性差があるようには思われませんが，ほかに問題はないのでしょうか。
　表36は，日本の博士の主な就職先における男女の比較を示したものです。修了者においてすでに男女の比率に差がありますが（表中の※印の欄），これ自体は男女の格差というわけではありません。ここでは，修了者における男女比を基準としながら，就職者の男女比と比較することにより，就職段階において男女格差が生じているかどうかを見てみたいと思います。
　例えば，修了者全体の男女比は2.33であり，男性が女性の2.33倍と多いわけですが，就職者の男女比も2.33であれば，比率の格差（就職者の男女

表36 博士課程修了者の男女別就職状況

区　分	計	人文科学	社会科学	理学	工学	農学	保健	その他
平成25年3月修了者数	16,445	1,346	1,195	1,328	3,669	1,000	5,261	2,646
男性	11,508	686	777	1,075	3,098	691	3,604	1,577
女性	4,937	660	418	253	571	309	1,657	1,069
基本男女比率（※）	2.33	1.04	1.86	4.25	5.43	2.24	2.18	1.48
就職者の計	10,828	439	591	884	2,603	597	4,225	1,489
男女比率	2.93	1.35	2.38	4.93	6.63	2.78	2.42	1.90
基本男女比率との格差	1.26	1.30	1.28	1.16	1.22	1.24	1.11	1.29
製造業	1,605	4	25	194	823	98	242	219
男女比率	7.54	3.00	5.25	6.46	13.19	5.13	3.75	5.84
基本男女比率との格差	3.23	2.89	2.82	1.52	2.43	2.29	1.72	3.96
教育，学習支援業	3,848	285	316	302	864	190	1,190	701
男女比率	2.01	1.18	2.07	4.59	4.02	1.88	1.64	1.33
基本男女比率との格差	0.86	1.13	1.11	1.08	0.71	0.84	0.76	0.90
医療，福祉	2,551	5	14	3	17	14	2,439	59
男女比率	2.89	0.67	2.50	—	3.25	1.00	3.03	0.84
基本男女比率との格差	1.24	0.64	1.34	—	0.60	0.45	1.39	0.57
学術研究，専門・技術サービス業	1,510	54	73	253	462	173	242	253
男女比率	3.15	1.16	3.87	4.06	5.90	2.93	1.55	2.72
基本男女比率との格差	1.35	1.12	2.08	0.96	1.09	1.31	0.71	1.84
公務（他に分類されるものを除く）	347	31	62	23	66	54	40	71
男女比率	3.13	3.43	2.26	4.75	8.43	3.50	2.33	2.09
基本男女比率との格差	1.34	3.30	1.22	1.12	1.55	1.57	1.07	1.41

出典：「平成25年度学校基本調査」卒業後の状況（博士課程修了者）から作成。

比÷博士課程修了者の男女比）は1となり，就職に際しての男女格差はないということになります。就職者の男女比が2.33よりも大きくなれば，格差がより拡大しているということであり，女性が不利になっていることを示します。このときは基本男女比率との格差は1以上になり，この値が大きいほど女性の不利さが大きいことを意味します。格差の値が2であれば，修了者の男女比と比べて，就職者の女性の割合が半分にしか達していないことを意味することになります。逆に，1未満の場合は，就職において女性がむしろ有利な状況にあることを意味します。

　データは平成25年度の学校基本調査の博士課程修了者の卒業後の状況のデータを用いました。人文学，社会科学，理学，工学，農学，保健の分野別に示していますが，「その他」の中には，家政，教育，芸術，その他の分野

が含まれています。

　まず，全体で見ると，博士課程修了者の男女比は2.33（女性1に対して男性2.33人，女性比率は30.0％に相当）となっていますが，就職者で見ると男女比は2.93に拡大しており，2.93÷2.33＝1.26倍の男女格差が生じ，就職段階では女性が不利になっていることがわかります。平成22年度の調査結果で同じ分析をしてみたところ男女格差の値は1.2でしたから，女性の不利さは改善されておらず，むしろやや不利さが大きくなっているということになります。

企業の研究者の男女格差が大きい

　就職者を分野別に見ると，保健系は1.11と男女差が比較的小さいですが，人文学・社会科学分野，その他分野では1.28〜1.30とやや格差が大きくなっています。

　博士課程修了者の就職先は，人数の多い順に，教育（大学の教員など），医療・福祉（病院など），製造業（企業），学術研究および専門・技術サービス（公的研究機関，民間研究機関など）となっています。これらで就職者全体の約91％を占めており，このほかの就職先としては，電気通信，サービス，建設，金融などの各業種の企業となっています。

　就職先別に見ると，教育（大学の教員など）では0.86と女性はむしろ有利になっている様子がうかがわれます。なお，これを分野別に見ていくと，保健，工学，農学といった自然科学系の方が人文学・社会科学系よりも女性の就職状況が良いことがわかります。

　大学以外の就職先では，医療・福祉1.24，公務1.34，学術研究および専門・技術サービス（公的研究機関，民間研究機関など）1.35と，やや女性が不利になっています。一方，製造業（企業）においては，男女の就職格差は3.23と最も大きく，分野別に見ると，就職者の最も人数の多い工学分野では2.43となっています。

　図42は，研究者の男女による所属機関の差を示しています。
　これを見ても，女性の研究者は大学が最も多く，企業が少なくなっており，

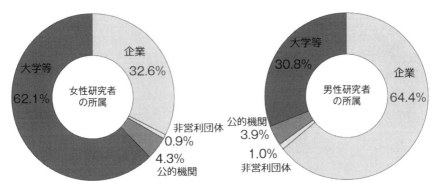

図42　男女別にみた研究者の所属機関
出典：「平成25年度男女共同参画白書」1-7-9図

男性と全く逆であることがわかります。この要因の中には，女性の博士が多い分野である人文学・社会科学などの分野において，そもそも企業の研究ポストがないし，逆に，企業には工学系の研究者が多いけれども工学系の博士の女性比率は非常に低いといったような分野の事情によるものがあり，これについては企業側の問題とはいえません。しかし，表34にあるように，いずれの分野においても就職者における男女格差があることは確かですし，企業の日本の研究者の多くは，そもそも企業に属しているので，博士全体のキャリアパスの問題を含め，民間企業における女性や博士の雇用の問題について改善していくことがたいへん重要だと考えます。

　民間企業の女性研究者が少ない要因としては，そもそも女性の博士が企業を志向しない傾向があることを指摘する意見もありますが，仮に中にはそういう人がいるとしても，企業が女性研究者を採用しないことが，女性にそうした意識を持たせる原因になっているとも考えられ，ニワトリとタマゴの関係にあるといえるのではないでしょうか。日本有数の理工系大学の土木工学系の教授に伺った話を紹介しましょう。
　女性の教え子で博士課程修了を控えた学生が企業に就職しようと活動していた際に，複数の日本企業からは「博士」かつ「女性」であることを理由にどこからも採用されなかったのですが，米国の企業に初任給8万ドルで採用

されたとのことです。

　また，ある有力大学が開いた女性研究者に関するセミナーに参加した際，博士課程に在籍する女子学生が，「地元に研究ができる就職先として適当な企業がない」ことを残念がっていたことがありました。企業側が門戸を開いていれば，女性側の意識も変わり，女性研究者としての企業への就職は大いに増える可能性があると思われます。

　なお，日本の企業の研究者を専門分野別に分けてみると，工学系が非常に多くなっています（図43）。一方，工学系への女性の進学率は低く，博士課程で見ると男女比は5.4：1となっています。工学系に女性の進学が少ないのは世界共通の傾向ですが，日本の女性の頭脳を活かすためには，こうした日本の産業構造も見据えた上での検討が必要かもしれません。

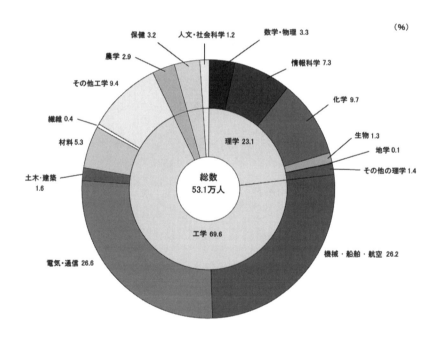

図43　日本の企業の専門別研究者数割合（平成26年）
出典：「科学技術要覧平成27年度」図9-7-2

(5) 女性研究者を増やすための長期的な戦略

　図44は，平成22年度[82]における日本の大学の教員の専門分野と職名別の女性教員比率を示したものです。比較のために，博士課程修了者の女性比率とEU 27か国の教授職の女性比率も並べています。

　まず，博士課程修了者の女性比率と助教の女性比率を比較すると，全体としては，博士修了者の女性比率より助教の女性比率は少し低くなっています[83]が，専門分野別に見ると状況がかなり異なっていることがわかります。自然科学分野は，人文学・社会科学分野に比べて女性教員比率が低い傾向にあります。また，農学分野では，博士課程修了者と助教の女性比率に大きな

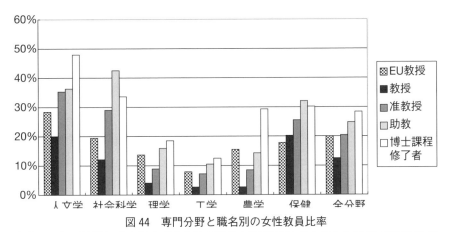

図44　専門分野と職名別の女性教員比率

出典：日本・分野別・職名別は「平成23年度男女共同参画白書」第1-8-11図（「平成22年度学校基本調査」から作成），日本・全分野及び博士課程修了者は「平成22年度学校基本調査」，EU教授は，EU 27か国の2010年の分野別の女子教授比率（EC, She Figures 2012, Figure 3.3, Table 3.2 Promotion of female grade A (Full Professor) straff by main field of science, 2000）。

---

82) 専門分野別・職名別の女性教員比率のデータは，『平成23年度男女共同参画白書』以外に見当たらないので，少し古いですがこの年のデータで比較しています。
83) 前述のように，平成25年度には「助教＋助手」でみると博士課程修了者の女性比率とほぼ同じになっていますが，ここでは参照データをそろえる関係から，助手のみで比較しています。

差があります。逆に，社会科学や保健の分野では，助教の女性比率が博士課程修了者の女性比率を上回っています。

EU 諸国と日本の教授職で比較してみると，保健系を除くほぼすべての分野で日本の女性教授の比率が低くなっていますが，特に農学，理学分野での差が大きいようです。

女性の進学率

図 45 は，日本における学部，修士，博士の女性比率を分野別に比較したものです。

ほぼすべての分野において，学部・修士・博士と進学するにつれて，女性の割合は減少する状況が見られます。なお，工学については学部から博士まで全体的に低比率ですが，大学院になると海外からの留学生の中に女性が多く含まれているため，博士課程の女性比率が学部や修士に比べて高くなるという逆転現象が見られます。

ここで，女性の進学率がどのように変化してきたか，米国の例を見てみましょう。表 37 と表 38 は，米国の大学の女性比率の推移を学部と博士課程に

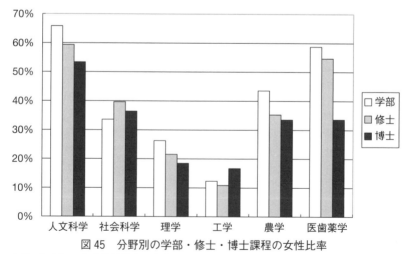

図 45　分野別の学部・修士・博士課程の女性比率
出典：「平成 25 年度学校基本調査」

分けて示したものです。

米国においても，学部と博士課程を比較すると，多くの分野において博士課程の方が女性比率が低くなっています。ただし，最近（2010年）のデータでは，工学のほか，地球・海洋学の分野において，博士課程の女性比率が学部の女性比率よりも高いという逆転現象が見られる点が興味深いところです。日本の工学系の大学院と同じように，留学生の影響があるのかもしれません。

日本において，自然科学分野における女性研究者を増やすためには，特に女性学生の比率の低い工学・理学系において学部段階からの入学者を増やすとともに，農学，保健分野を含め，博士課程に進学する女性の比率を高める

表37　米国における分野別の女性学生比率（学部）

(%)

修了年	全分野	Science and engineering 分野								S&E 以外
		小計	生物・農学	地球・海洋学	数学・コンピュータ	物理学	心理学	社会科学	工学	
1966	42.6	24.8	25.0	9.4	33.2	14.0	40.8	34.3	0.4	52.2
1971	43.5	28.9	24.1	10.8	36.0	14.7	44.7	37.6	0.8	51.2
1976	45.6	33.6	31.2	18.3	35.3	19.5	54.4	38.8	3.4	51.5
1981	49.9	37.8	41.1	24.9	36.9	24.7	65.1	45.4	11.1	55.7
1986	51.0	39.0	45.5	22.3	38.8	29.8	69.0	45.6	14.5	57.1
1991	54.1	43.9	48.7	28.7	36.1	32.4	72.6	47.2	15.5	58.5
1996	55.2	47.1	50.2	33.3	33.9	37.0	73.0	50.8	17.9	59.2
2001	57.4	50.6	57.3	40.9	31.9	41.8	77.5	54.8	20.1	60.5
2006	57.6	50.3	59.8	41.3	26.6	42.4	77.4	53.7	19.5	61.1
2010	57.2	50.3	57.8	39.3	25.6	41.3	77.1	53.7	18.4	60.4
2010 人数	954,891	264,283	63,587	1,889	14,554	7,598	75,336	87,626	13,693	690,608(人)

（日本）		農学	数学	物理学	社会科学	工学	
2013 割合	44.7	42.2	21.7	14.4	35.0	12	(%)
2013 人数	250,036	7,307	828	424	68,187	10,320	(人)

出典："NSF S & T Degrees 1966-2010," Table 11。日本のデータは「学校基本調査」による。
▒▒▒は現在（2013）の日本における女性比率に近い値。

表 38 米国における分野別の女性学生比率（博士課程）

(％)

修了年	全分野	Science and engineering 分野								S&E 以外
		小計	生物・農学	地球・海洋学	数学・コンピュータ	物理学	心理学	社会科学	工学	
1966	11.6	8.0	12.0	3.0	6.1	4.5	21.5	10.5	0.3	18.2
1971	14.4	10.3	14.5	2.5	7.8	5.8	24.7	13.1	0.4	20.8
1976	23.3	16.8	19.5	9.1	11.3	8.5	32.8	21.2	1.9	31.7
1980	30.3	22.3	24.3	9.9	12.1	12.8	42.3	26.9	3.6	41.1
1983	33.7	25.3	28.7	14.7	15.1	13.2	47.7	30.4	4.5	46.0
1986	35.4	26.6	30.2	16.6	15.0	16.3	51.2	33.6	6.7	49.3
1992	37.1	28.7	35.2	22.9	16.9	20.4	59.1	36.0	9.3	51.7
1993	38.0	30.1	37.5	20.2	19.8	21.1	61.1	37.7	9.2	52.0
1998	41.9	34.3	41.2	25.8	21.7	24.1	66.9	41.5	13.1	55.3
2000	43.8	36.2	42.7	28.2	21.0	24.5	66.6	42.9	15.7	56.7
2005	45.1	37.7	47.0	34.2	23.4	26.7	68.1	44.7	18.4	58.7
2010	46.8	40.9	51.7	42.5	25.2	30.3	69.8	47.5	23.1	60.0
2010 人数	22,505	13,548	4,670	367	820	1,271	2,387	2,290	1,743	8,957(人)
(日本)			農学		数学	物理学		社会科学	工学	
2013 割合	30.0		30.9		10.9	12.6		35.0	15.6	(％)
2013 人数	4,937		309		20	36		418	571	(人)

出典："NSF Science & Engineering Degrees 1966-2010," Table 25。日本のデータは「学校基本調査」による。▓部分は現在（2013）の日本における女性比率に近い値。

こと，すなわち，学部から修士，博士と進学しても女性比率が落ちないようにすることが必要だと思われます。前述の米国科学アカデミーの女性研究者に関するレポートにおいても，学部から修士，博士へと高学歴になっても女性比率を保つことの重要性が指摘されています。

日本の女性の博士進学率は米国の 30 年遅れ

　日本と米国を比較すると，全般的に，日本に比べて米国の方が女性の博士進学率が高くなっています。平均では，現在の日本の女性博士学生比率 30.0％（2013 年 3 月修了者のデータ）は，米国では 1980 年頃の水準（表 38

〈参考〉米国の統計で Science and Engineering として分類する学問分野

Science and engineering
  Science
    Biological and agricultural sciences
      Agricultural sciences; Biological sciences
    Earth, atmospheric, and ocean sciences
      Atmospheric sciences; Earth and ocean sciences
    Mathematics and computer sciences
      Computer sciences; Mathematics
    Physical sciences
      Astronomy; Chemistry; Physics
    Psychology
    Social sciences
      Economics; Political science; Sociology; Other social sciences
  Engineering
    Aeronautical/astronautical engineering; Chemical engineering; Civil engineering; Electrical, electronics, and communications engineering; Industrial and manufacturing engineering; Materials science engineering; Mechanical engineering; Other engineering
Non-science and engineering
  Health
  Education
  Humanities
  Business management/administration
  Communication
  Fields not elsewhere classified

の ▇▇▇ の部分）であり，およそ 30 年遅れの状況ということになります。また，2010 年現在の米国の Science & Engineering（S&E）分野の女性研究者（大学教員に限らず博士を有する S&E の全研究者）の比率は，図 37 で示したように 33.6％ですが，1998 年の S&E 分野の博士課程修了者の女性比率（34.3％）に近く，この間に 12 年ほどのタイムラグがあることになります。

次に，米国における大学の教員の女性比率の経年推移との比較をしてみましょう。データを探してみましたが，博士課程学生のデータと同じ S&E 分野の統計が見当たらなかったので，SEH 分野（Science, Engineering に Health を加えたもの）の博士を有する教員のデータを使います。

表39　米国の大学教員（博士の学位を有する者）における女性比率

(％)

Position	1973	1983	1993	2003	2010
All positions	9.1	15.0	21.9	30.3	35.7
Full-time senior faculty	5.8	9.3	14.2	22.8	28.0
Full-time junior faculty	11.3	23.5	32.2	39.7	44.2
Other full-time positions	14.5	23.1	30.2	34.8	41.7
Postdocs	14.3	30.1	30.8	38.0	39.0
Part-time positions	48.3	41.7	61.0	54.5	55.3

出典："NSF, Science and Engineering Indicator 2014," Table 5-11

　表39を見ると，教員全体としては，1973年に9.1％であった大学の女性研究者の比率が，今日（2010年）では35.7％に上昇しています。

　表37にあるように，この間，博士課程修了者の女性比率も同様に上昇しています。同表における博士修了者の分野の括りがS&EであってSEHでないため，正確な比較はできませんが，S&E分野の博士課程修了者の女性比率が2010年のSEH分野の女性教員の比率（35.7％）と同程度になるのは10年前の2000年（36.2％），同様に2003年の水準になるのは9年前の1994年（30.2％），1993年の水準になるのは13年前の1980年（22.3％），1983年の水準には8年前の1975年（15.6％）といずれもタイムラグがあります。

　表40は，米国における博士を取得している研究者（SEH分野）のセクター別の伸び率を示したものです。

　これによると，大学（Academia）の増加率（年平均2.4％）よりも企業（Industry）や公務（Government）の方が博士の研究者の増加率が高く（年4.6％および年3.2％），全体の中の大学（Academia）のシェアは1973年には55％であったものが，2008年には44％に低下しています。[84]　これは，すなわち，米国においては，企業が博士取得者の雇用に積極的になってきていることを示しており，この中には多くの女性博士が含まれていることが予想されます。

---

[84] "Science and Engineering Indicators 2012," Table 5-21 Trends in Academic Employment of Doctoral Scientists and Engineers

表40　博士の学位を有する研究者の年平均の増加率（機関種別）

Sector	1973-2008
All sectors	3.3(%)
Academia	2.4
Industry	4.6
Government	3.2
Other	2.7

出典："NSF, Science and Engineering Indicator 2012," Table 5-6
Average annual growth rate for employment SEH doctorate holders

　日本の場合，平成25年現在の大学の女性教員比率（全分野）が21.8％[85]ですが，これは，平成13年の博士課程修了者の女性比率（22.8％）とほぼ同じで，12年のタイムラグで同水準になっていることになり，米国の大学の女性教員の状況と比べても遜色ない形で増えていると見ることができます。このまま順調に行けば，全大学教員の女性比率は，10年後の平成36年頃には30％程度になると推定されます。

　一方，分野別に見ていくと，分野によって異なる傾向が見てとれます（表41）。分野別に平成22年現在の教員の女性比率とのタイムラグの長さで比較[86]すると，保健分野（25.9％）が平成16年の博士修了者の女性比率（26.3％）との間で約9年と最も短くなっていますが，工学分野（4.7％）の場合は平成6年の女性博士比率（5.5％）との間で19年，理学分野（8.4％）の場合は平成5年の女性博士比率（8.2％）との間で20年，農学（9.0％），人文学（28.3％），社会科学（16.8％）では21年以上のタイムラグがあります。

　教員の人数が多い保健分野が全体の平均値を引っ張っている様子がうかがえます。また，特に農学分野においては，博士課程学生の女性比率の伸びが大きく，保健分野と並ぶ30％を越える状況にありますが，教員の女性比率は9.0％と低く，学生と教員のギャップが特に目立っている状況です。工学

---

85) 「平成25年度学校基本調査」による。
86) 教員のデータは「平成22年度学校教員統計調査」表180による。博士課程修了者のデータは「学校基本調査」による。

表 41　博士課程修了者の女性比率の分野別の推移

(%)

	全分野	人文学	社会科学	理学	工学	農学	保健
平成 5 年度	13.4	29.9	20.8	8.2	3.7	10.8	12.8
平成 6 年度	14.6	34.7	21.1	9.0	5.5	10.8	13.4
平成 7 年度	15.6	36.9	20.9	10.0	5.2	14.3	15.2
平成 8 年度	16.6	41.5	24.8	9.3	5.2	14.5	15.8
平成 9 年度	16.8	40.7	24.0	9.9	5.4	15.4	16.8
平成 10 年度	19.2	46.1	28.1	10.9	6.3	16.5	19.8
平成 11 年度	19.4	40.9	27.8	12.6	7.4	15.2	19.9
平成 12 年度	20.6	42.9	26.7	13.0	7.7	18.3	21.4
平成 13 年度	22.8	46.4	31.2	14.0	8.5	23.4	22.9
平成 14 年度	23.1	48.4	29.5	14.6	8.5	24.5	23.2
平成 15 年度	24.9	49.0	29.3	15.5	9.2	24.7	25.7
平成 16 年度	24.9	48.2	30.0	15.9	10.1	25.2	26.3
平成 17 年度	26.2	48.6	30.2	17.5	10.2	27.2	27.8
平成 18 年度	26.7	50.7	29.6	17.6	11.2	26.0	28.9
平成 19 年度	26.6	47.1	33.3	15.2	10.9	27.3	28.9
平成 20 年度	27.6	47.3	32.7	17.9	11.6	28.5	30.7
平成 21 年度	27.3	48.2	31.4	14.2	12.4	26.7	31.1
平成 22 年度	28.4	47.9	33.6	18.5	12.5	29.3	30.2
平成 23 年度	29.5	47.7	35.4	16.7	13.6	29.0	31.8
平成 24 年度	29.6	49.3	34.6	20.3	14.3	31.3	31.2
平成 25 年度	30.0	49.0	35.0	19.1	15.6	30.9	31.5

出典：各年度の「学校基本調査」から作成。

分野もギャップが大きいですが，工学分野の博士課程学生の中に多くの女子留学生が含まれているという特殊な事情があります。

　結論としては，我が国の研究開発力を高めるために，女性研究者を増やす必要がありますが，そのためには，現在行っているような女性研究者の研究環境の改善（育児環境など）だけでは不十分であり，こうした施策の充実と同時に，自然科学分野への女性の進学率を長期的に高めていくことが重要だと考えます。また，何といっても最大のキャリアパスであるべき企業において，女性を含む博士課程修了者の採用を積極的に進めていくことが重要であり，このことなくしては根本的な改善にはつながらないと思われます。

女性のライフイベントと両立できる研究環境

　国立大学の学長も務められたことのある女性の先生から，結婚や出産などのライフイベントと研究活動のどちらをとるかということで悩んでいる女性も多いと聞きました。今は仕事に打ち込みたいからという理由で，結婚の時期が遅れるというようなことは，研究者に限らず，また，男女ともにあることかもしれませんが，特に最近の研究者については，研究業績をあげることが強く求められる競争的な環境の中にあるため，若い女性研究者にとって，ライフイベントで研究の空白期間が生じるということが，とても大きなプレッシャーになっているというのです。

　このために，優秀であるにもかかわらず研究者の道を断念する女性もいるとのことですし，また，子どもがいる家庭を持つといった誰しもが思うことについて，研究者の道を選ぶがためにこれをあきらめさせるようなことがあってはならないはずです。

　女性研究者が子どもを産んでも働きやすくするための託児所の整備なども必要ですが，それ以前に，若いうちの少しの遅れなんか，長い研究者人生の中で見れば大して気にしなくていいんだというような，ゆとりを持った研究環境にしていくことも重要ではないかと思います。このためには，女性研究者の業績の評価の考え方，定年や競争的資金制度における年齢規定などについて男性とは別にして見直していく必要があるかもしれません。

あとがき

　この「あとがき」を，筆者がこの4月から勤務することとなった大学で書いています。校内には桜がきれいに咲き誇っていましたが，今はほとんど散ってしまいました。その桜の花と入れ替わるように，新入生が入ってきて，学内は若い人の活気が溢れています。

　筆者もこの国立大学の新人として，大学の現状について説明を受けていますが，様々な点で非常に厳しい環境に置かれていることがわかります。筆者はこれまで研究に関する制度側で仕事をしてきたわけですが，これからは実際の大学の現場において，研究活動や人材の育成をシュリンクさせることなく，いかに発展させていくか，もがいてみたいと思います。

　最後になりましたが，本書の出版に際しては，日本学術振興会の大鷲正和さん，文部科学省の梅崎隆二さんから，主に科研費の制度やデータなどについて意見をいただきました。また，米国や海外のファンディング制度に詳しい日本学術振興会の遠藤悟さんには，主に米国の状況について意見をいただきました。筆者の原稿段階では気づかなかった点を含め，たいへん貴重な指摘を頂き，皆さんに感謝しております。さらに，筆者にとって本を著すことは初めてのことでしたが，科学新聞社の齋藤信次さんには，出版に向けての始めから最後までお世話になりました。

　このように本書は，関係の皆さんのお力添えで出版にまでこぎつけたものですが，冒頭の「はじめに」の中でも触れたように，データの解釈や状況の分析について，まだまだ不十分なところや正確でないところがあるかもしれません。また，研究費制度や研究環境をめぐって様々なご意見をお持ちの研究者の方々もいらっしゃると思います。そうした読者の皆さんの忌憚のないご意見を聞かせていただければ幸いに思います。
　＜メールアドレス＞ kakenhitokenkyuu@gmail.com

2016年4月　渡邊淳平

著者略歴

渡邊　淳平（わたなべ　じゅんぺい）
1961年生まれ。84年，一橋大学社会学部卒業，同年文部省入省。内閣府総合科学技術会議事務局参事官，日本学術振興会研究事業部長，文部科学省学術研究助成課長，政策研究大学院大学運営局長，日本学術振興会理事を経て，2016年4月より埼玉大学理事。

大学の研究者が知っておきたい
科研費のしくみと研究をめぐる状況

2016年5月20日　初版発行

著　者　渡邊淳平
発行者　斎藤信次
発行所　株式会社　科学新聞社
　　　　東京都港区浜松町1-2-13　〒105-0013
　　　　Tel: 03-3434-3741　　Fax: 03-3434-3745
　　　　http://www.sci-news.co.jp
　　　　郵便振替　出版局　00130-1-152225
印刷所　港北出版印刷株式会社

ISBN978-4-86120-048-9
©2016 by Jumpei Watanabe
Printed in Japan

定価はカバーに表示してあります。
編集協力　株式会社　タイム アンド スペース
装丁デザイン　大森裕二
本文イラスト　寺崎　愛